ネイティブが教える
英語の時制の使い分け

デイビッド・セイン *David A. Thayne*
古正佳緒里 *Kaori Furusho*

研究社

Copyright © 2016 by AtoZ

ネイティブが教える
英語の時制の使い分け

Mastering English Tenses

PRINTED IN JAPAN

はじめに

　締め切り時間ギリギリにレポートが完成しました。
　アメリカ人の同僚に英語で「レポートが終わったよ」と話しかけるとしたら、どうでしょうか？
　英会話学校の学生さんにこう問いかけたところ、ほとんどの方はI *finished* my report. と答えました。
　しかし、多くのネイティブはI've just *finished* my report. と現在完了形を使って答えるでしょう。なぜかおわかりですか？
　英語としてはどちらも正しく、問題なく使えます。しかし、このような状況であれば、現在完了形を使ってI've just *finished* my report. を使うのが自然なのです（詳しくは本書 19 ページをご覧ください）。

　世の中に英文法の本は数多くあります。文法を解説するなら、おそらく私よりうまく説明できる人が同じように（日本人の中にも！）たくさんいるでしょう。
　しかし、長い間日本人のみなさんに英語を教えてきていつも思うのですが、英語の時制は、英文法の理論に加えて「ネイティブ・スピーカーの感覚」を身につけることで、より明確に理解できるのではないでしょうか？
　それをみなさんに体験していただきたく、本書には日本人が間違えやすい時制の例を思いつく限り取りあげ、ネイティブはどうしてその言い方をするのか、できるだけ詳しく説明しました。その際「ネイティブはその言い方をどう思うのか」といった視点も盛り込み、英語の時制表現に関して

多くの日本人英語学習者が持つと思われる疑問に、可能な限り答えてみました。

　本書も一般的な文法書にならい、時間軸を過去、現在、未来の３つに分け、それぞれを用法別に基本形（単純形）、進行形、完了形、完了進行形の４つに分類しました（「基本形（単純形）」には、それぞれ「単純現在形」「単純過去形」「単純未来形」という言い方を充てました）。

> ＜本書で紹介する 12 の時制の用法＞
> ・過去：単純過去形、過去進行形、過去完了形、過去完了進行形
> ・現在：単純現在形、現在進行形、現在完了形、現在完了進行形
> ・未来：単純未来形ほか、未来進行形、未来完了形、未来完了進行形

　２章と３章では各例文を「英語として自然かどうか」吟味するにあたって、◎、○、?、?? の記号を使って説明しました（詳しくは 80 ページ、165 ページをご覧ください）。

　こうした分類については、ネイティブ・スピーカーのスタッフたちにも確認した上で判断しました。今日、英語の多様化が進んでいることもあり、必ずしもすべてのネイティブ・スピーカーが同じように感じることはないかもしれません。実際、私とスタッフのあいだで判断の違いが生じることもありました。しかし、最終的には「多くのネイティブ・スピーカーが普通の表現である［ない］と思う」という基準から判断しました。読者のみなさんには各時制に関するネイティブ感覚を理解する上で、ぜひ本書をお役立ていただきたいと思います。

本書作成にあたっては、これまでの「ネイティブが教える」シリーズの7冊同様、研究社の金子靖さんと会話を交わしながら原稿を作り、本の体裁に整えていきました。金子さんには、今回も企画立案から執筆、編集まで、言葉に尽くせないほどお世話になりました。編集部の高見沢紀子さんもこれまで同様、金子さんとともに原稿や校正刷を念入りに確認し、貴重なコメントをいくつも寄せてくれながら、本書の quality を一段と高めてくれました。
　私は英語のネイティブ・スピーカーですが、英文法の専門家ではないため、その説明に関しては、東京理科大学講師の北田伸一先生のご協力を得ました。先ほど「文法を解説するなら、おそらく私よりうまく説明できる人が同じように（日本人の中にも！）たくさんいるでしょう」と申し上げましたが、まさしく北田先生はそのうちの1人です。先生の英文法に関する深い知識に支えられて、本書の英文法解説を飛躍的に充実させることができました。

　みなさんの時制に関するさまざまな疑問点の解消に、本書が少しでもお役に立てれば、著者としてこれほどうれしいことはありません。

2016年4月
デイビッド・セイン（David A. Thayne）

本書の使い方

1章 時制の基本　THE BASIC RULES

1章では、英語の時制を12の用法（単純現在形、単純過去形、単純未来形ほか、現在進行形、過去進行形、未来進行形、現在完了形、過去完了形、未来完了形、現在完了進行形、過去完了進行形、未来完了進行形）に分け、それぞれの意味や使い方をネイティブの視点から解説しました。日常的によく使う表現を例に挙げて説明していますので、読者のみなさんには「生きた時制表現」を学んでいただきたいと思います。

単純現在形　SIMPLE PRESENT

● 単純現在形が表わすのは「今」？

「いちばん簡単な時制は何ですか？」と聞かれたら、おそらく「現在」と答える人は多いと思います。

英語の授業では、最初にこの現在時制、すなわち単純現在形を習うはずです。「今」を表わす「現在」（単純現在形）を基本として、「昔」のことは過去時制（単純過去形）で、「未来」のことは未来時制（単純未来形）で表わすと習ったことでしょう。ですから、基本の単純現在形がいちばん簡単なはずだと考えるのも無理はありません。

しかし、ネイティブからすると、この単純現在形がもっとも説明がむずかしいのです。というのは、単純現在形は「単に今現在のことを表わす」だけでなく、さまざまな用法（相／アスペクト）がからんでくるからです。最初に習う時制としては、予想以上に難易度が高いかもしれません。

実際に問題を解きながら考えていきましょう。まずはウォーミングアップ問題です。

🔍 問題　ナンシーはメガネをかけている」を自然な英語にすると、どちらですか？
1. Nancy *wears* glasses.
2. Nancy's *wearing* glasses.

🔒 解答　これを英語の初心者はよく間違ってしまいます。「…している」という日本語につられて、2の現在進行形を使ってしまう例をよく見かけます。しかし問題文は「メガネをかけている」と日常の習慣を言っているし、一般的な正解は1の単純現在形です（「一般的な」と言ったのには理由があります。それについては、38ページの現在進行形の「現在のみの一時的な状況」で説明します）。

● 日本語にまどわされない！

日本人は「…している」という日本語につられ、つい現在進行形を使ってしまうことが多いようです。「どちらも『今のこと』を表現しているから、どう使い分ければいいかわからない」という声をよく耳にしますが、ネイティブからすれば単純現在形と現在進行形はまったくの別物です。

まずは過去、現在、未来の3つの時で表わされる12の時制（単純過去形、単純現在形、単純未来形、過去進行形、現在進行形、未来進行形、過去完了形、現在完了形、未来完了形、過去完了進行形、現在完了進行形、未来完了進行形）を、正しく理解しましょう。12の時制を時間軸で表わすと、以下のようになります。

▼ 12の時制が表わす時

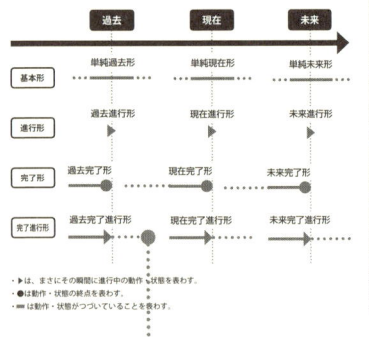

- ▶ は、まさにその瞬間に進行中の動作・状態を表わす。
- ● は動作・状態の終点を表わす。
- ・・・ は動作・状態がつづいていることを表わす。

日本人が間違えやすい時制表現をクイズ表現で出題します。問題を解きながら、ネイティブの英語感覚を身につけてください。

視覚的に理解できるように、各時制の用法の時間軸を図にしました。進行形や完了形などのイメージをつかんでください。

vi

2章　動詞別　時制の使い分け
UNDERSTANDING ENGLISH TENSE WITH VERBS

2章では、日常的によく使う21の動詞（1つは句動詞表現）を取り上げて、時制の各用法のニュアンスを比較しました。自分の感覚が正しいか考えながら読み進めてください。

1章で時制の各用法のルールを学びました。ここでは代表的な21の動詞を取り上げ、時制による使い分けのニュアンスの違いを比較しました。

時制は文法的にルール化できるものの、動詞ごとに使い方は変わります。また同じ動詞でも用法により使える場合と使えない場合があるため、知識として覚えるより「感覚で覚える」ほうがいいでしょう。とにかく語学は、

Practice makes perfect.（習うより慣れろ）

を実践するしかありません。

では、日常よく使うと思われる言い方を例にして、それをどの時制で表現するのが自然か、考えてみましょう。日本人英語学習者が間違えやすい表現を確認することで、ネイティブの時制感覚が身につくはずです。

2章の読み方

1. 各問題には1〜6までの英文があります。それぞれの英文が英語として自然か、「記号の見方」を参考に「◎、○、?、??」の4種類に分けてください。

2. 「ネイティブはこう判断する」に正解と解説があります。自分の判断が正しかったか、答え合わせをしながら読み進めてください。不自然な英語表現なら「?」や「??」の場合、判断に迷うた英文なのか解説に解説をつけました。

3. 不自然な英語表現となる「?」や「??」は、日本語訳の文頭に「?」を付けました。

〈記号の見方〉
◎ 自然な英語で、決まり文句としてもよく使われる。
○ 自然な英語だが、使われる状況が限られる。
? 英語としては正しいが、ネイティブは何か情報が欠けていると感じる。
?? 不自然な英語表現で、ネイティブはまず使わない。

※フレーズを使う頻度など、感覚的な判断もあるため「この正解が絶対！」ということではありません。しかし、多くのネイティブ・スピーカーは同意してくれると思います。参考にしていただければ幸いです。

（注）短縮形と短縮しない形（I'll ... と I will ...、I've ... と I have ...など）のニュアンスは微妙に異なるため、各時制で取り上げたフレーズは、状況ごとにネイティブが多く使うと思われるほうを紹介しています。

---

1 | arrive （到着する）

乗り物の到着時間を知らせるアナウンスなど、日常生活でもよく耳にする動詞です。「到着する」「着く」「成功する」など、ある程度の時間をかけて目的にたどり着くことを表わします。時制の違いで、この時制のニュアンスはどのように変わるでしょうか？

Q1 （　）に「自然な英語で、決まり文句としてもよく使われる」と思われるものには◎を、「自然な英語だが、使われる状況が限られる」と思われるものには○を、「英語としては正しいが、ネイティブは何か情報が欠けていると感じる」と思われるものには?を、「不自然な英語表現で、ネイティブはまず使わない」と思われるものには??を入れましょう。

(　) 1. Our train *arrived* at Shinjuku.
(　) 2. Our train *was arriving* at Shinjuku.
(　) 3. Our train *had arrived* at Shinjuku.
(　) 4. Our train *had been arriving* at Shinjuku.
(　) 5. Our train *has arrived* at Shinjuku.
(　) 6. Our train *has been arriving* at Shinjuku.

🔒 ネイティブはこう判断する

◎ 1. Our train *arrived* at Shinjuku. [単純過去形]
（私たちが乗った電車は、新宿駅に着いた）

「過去に終わったできごと」を表わす自然な英語です。Our train *arrived* at Shinjuku at 5:30 p.m.（私たちが乗った電車は、午後5時30分に新宿駅に着いた）と時間表現を加えれば、過去のどの時間であるかが明確です。［ちなみに主語の our train は、「私たちが乗った電車」と「私たちがこれから乗る電車」のどちらの意味にもなりますが、ここでは便宜上すべて「私たちが乗った電車」という設定で考えることにします。］

> 3章　時制と副詞表現の相性　HOW TO USE TIME OBJECTIVES
>
> 　3章では、基本的な 20 の副詞と時制の相性を考えましょう。always や usually, often といった副詞は、すべての時制で使えるでしょうか？　また副詞によって文のニュアンスが変わることがあるでしょうか？　「ネイティブ感覚」を確認しながら、読み進めてください。

1 | yesterday (昨日)

基本的に「過去の特定の時」を表わす副詞のため、単純過去形との組み合わせが最適です。ただし過去とはいえ、過去完了形、過去完了進行形では不自然になることに注意しましょう。

◎ It *rained yesterday*. (昨日雨が降った) [単純過去形]

過去のある時（昨日）を表わす副詞のため、おもに単純過去形で使われます。「単純過去形 + yesterday」(昨日…した) も非常に相性がよく、自然な英語表現になります。

◎ It *was raining yesterday*. (昨日雨が降っていた) [過去進行形]

過去のある時（昨日）を表わす副詞のため、過去進行形でも使われます。「過去進行形 + yesterday」(昨日…していた) も相性がよく、自然な英語になります。

それ以外の時制には、基本的に yesterday は使えません。ただし、過去完了進行形には、yesterday ではなく the previous day (前日) であれば、使えます。

◎ It *had been raining the previous day*, so the ground was still wet. (前の日はずっと雨が降っていたので、グラウンドはまだ湿っていた) [過去完了進行形]

以下、不自然な英語表現ですが、注意してほしい例を紹介します。

? It *had rained yesterday*. (？昨日雨が降っていた) [過去完了形]

この過去完了形の文は不自然ですが、If it *had rained yesterday*, I would have taken my umbrella. (昨日雨が降っていたら、傘を持っていったのに) のように仮定法であれば使えます。

? It *had been raining yesterday*. (？昨日までずっと雨が降りつづけていた) [過去完了進行形]

過去完了進行形の文に yesterday は使えません。ただし、yesterday ではなく the previous day (前日) なら使えます。

2 | now (今)

「現在」を表わす副詞のため、基本的に過去形や未来形では使えません。では、現在形ならすべての用法で使えるのかというと、はっきりそうとは言い切れません。It's raining now. のように「今…している」を表わす現在進行形なら自然ですが、それ以外の時制ではあまり使えないようです。

◎ It's *raining now*. (まさに今、雨が降っている) [現在進行形]

「現在進行形 + now」(今…しているところだ) は非常に相性がよく、自然な英語になります。It's raining. だけより、It's raining now. と now を付けたほうが英語としても自然です。

? It *has rained now*. (？もう雨が降っている) [現在完了形]

不自然な英語ですが、限定的に次のような状況なら OK でしょう。外出するつもりが、なかなか奥さんの支度ができない。ふと外を見たら「もう雨が降っているじゃないか…」というような感じです。You've *made a big mistake now*. (いま大きな間違いをしたね) なども自然な英語になります。

? It *rains now*. (？今、雨が降っている) [単純現在形]

不自然な英語です。ただし、たとえば映画を演出していて「「今、雨が降っている」という設定で…」と説明するようなら、かなり限定的な状況であれば OK でしょう。

166　　167

> 英語として違和感のない◎や○の表現を中心に取り上げていますが、「?」がついた例文でも注意すべきものは解説を付しました。

> 「?」はその不自然さを理解してもらうため、同じように「?」を付けて訳文を添えました。ですが、その例文が不自然だとしても、ほかに語句を補えば理解できる場合もあります。こうした情報も盛り込みました。

viii

目次

はじめに　iii
本書の使い方　vi

  1章　時制の基本　THE BASIC RULES　　　1

▶ はじめに　2
単純現在形　SIMPLE PRESENT　6
単純過去形　SIMPLE PAST　18
単純未来形ほか　SIMPLE FUTURE, etc.　25

▶ 進行形　PROGRESSIVE　34
現在進行形　PRESENT PROGRESSIVE　35
過去進行形　PAST PROGRESSIVE　45
未来進行形　FUTURE PROGRESSIVE　48

▶ 完了形　PERFECT　52
現在完了形　PRESENT PERFECT　53
過去完了形　PAST PERFECT　63
未来完了形　FUTURE PERFECT　67

▶ 完了進行形　PERFECT PROGRESSIVE　70
現在完了進行形　PRESENT PERFECT PROGRESSIVE　70
過去完了進行形　PAST PERFECT PROGRESSIVE　73
未来完了進行形　FUTURE PERFECT PROGRESSIVE　76

2章　動詞別　時制の使い分け

UNDERSTANDING ENGLISH TENSE WITH VERBS　79

arrive　81	be　85	become　88
come　92	cost　95	do　98
feel　103	finish　107	forget　111
give　115	go　118	have　122
hope　126	leave　129	live　133
make　137	meet　142	play　146
start　151	stop　155	give up on　159

 3章　時制と副詞表現の相性

HOW TO USE TIME OBJECTIVES　163

yesterday　166	now　167	tomorrow　168
someday　169	soon　170	never　171
ever　172	just　173	already　176
yet　177	for　178	since　180
ago　182	always　183	often　184
usually　185	once　186	before　187
again　189	almost　191	

参考文献　194

CHAPTER 1

【1章】
時制の基本
THE BASIC RULES

▶ はじめに
- 単純現在形
- 単純過去形
- 単純未来形ほか

▶ 進行形
- 現在進行形
- 過去進行形
- 未来進行形

▶ 完了形
- 現在完了形
- 過去完了形
- 未来完了形

▶ 完了進行形
- 現在完了進行形
- 過去完了進行形
- 未来完了進行形

時制でどうニュアンスが変わる？

「昔のことだから、動詞を過去形にしないと…」
 こんなふうに考えて時制を決めてから構文を作るようでは、英語でネイティブ・スピーカーと自然なコミュニケーションをはかるのはむずかしいかもしれません。感覚的に時制を使い分けられるようになってはじめて、英語を「話せる」と言えます。
 そもそも多くの読者のみなさんは、学校で英語を習い出してから「時制」という言葉を耳にしたのではないでしょうか？
 「時制」とは、はたして何でしょうか？
 本書では、まずこの問題を考えてみましょう。
 簡単に言えば、時制とは「いつの話をしているのかを表わすルール」です。話し手が用いた時制をもとに、聞き手は「相手がいつ、どうするか」を判断するのです。
 では、時制でどれだけ英語のニュアンスが変わるか、見てみましょう。まずは次の問題に挑戦してください。

問題　次の英文を、ニュアンスの違いを出して日本語にしてください。

1. We *have* a party tonight.
2. We'*ll have* a party tonight.
3. We'*re going to have* a party tonight.
4. We'*re having* a party tonight.

解答　どれも英語として自然な、未来の表現です。「全部『私たちは今晩パーティがある』じゃないの？」と思うかもしれませんが、微妙にニュアンスが異なります。

1. 私たちは今晩パーティがある。
    →公的に決まっている、ほぼ確実な予定を言うイメージ。

2. 私たちは今晩パーティをすることになったよ。
    →急にパーティの予定が決まったイメージ。

3. 私たちは今晩パーティの開催を予定している。
    →詳細はわからないが、パーティを開く予定があることを言うイメージ。

4. 私たちは今晩パーティを予定している。
    →時間などの詳細も決まっているパーティが、直近に開かれることを言うイメージ。

　「私たちは今晩パーティがある」を英語にする場合、おそらく多くの日本人が考えるのは、2の We'll have a party tonight. の will の未来表現を使った文ではないでしょうか？　助動詞 will を1語加えるだけで未来を表わせるため、これからのことを表現する際、日本人は will を多用するようです。
　しかし、ほぼ同じような未来の内容を表現するのに、これだけのバリエーションがあるのです。状況に合わせて、自分の思いにぴったりな表現を使い分けたいものです。
　おそらくネイティブなら、開催が確実なパーティのことを言うなら1を、急にパーティの予定が入ったと言うなら2を、詳細不明ながらとにかくパーティの予定があることを言うなら3を、ほぼ詳細も決まったパーティが近々予定されていると言いたいなら4を使います。

　主語も目的語もまったく同じなのに、**時制が異なるだけでこれだけニュアンスは変わります**。そう、だからこそ、時制をうまく使いこなせば、英語の表現の幅が広がるのです。
　よく「時制の使い分けはむずかしい」という声を耳にします。確かに、時制を間違えて使ったために誤解されてしまうこともよくあります。しかし、逆に言えば、**時制を変えるだけでこれだけバラエティに富んだ表現も可能になります**。

言葉は時制で決まる。

　本書で私デイビッド・セインが伝えたいのは、このひと言に尽きます。時制を使いこなせるようになれば、英語は簡単に思えるはずです。「時制はむずかしい」ではなく、「時制は便利なもの」と感じていただけるとうれしいです。
　一般的な文法書では、時制は大きく「過去」「現在」「未来」の3つの時間軸に分けられ、さらにそれぞれに「基本形」「進行形」「完了形」「完了進行形」の4つの用法（相／アスペクト）があり、合計12の用法に分けて紹介されています。

▼ do を例にした12種類の用法

時間軸／用法	過去	現在	未来
基本形	単純過去形 (did)	単純現在形 (do/does)	単純未来形や be going to ＋原形動詞 (will do / be going to do)
進行形	過去進行形 (was/were doing)	現在進行形 (am/is/are doing)	未来進行形 (will be doing)
完了形	過去完了形 (had done)	現在完了形 (have/has done)	未来完了形 (will have done)
完了進行形	過去完了進行形 (had been doing)	現在完了進行形 (have/has been doing)	未来完了進行形 (will have been doing)

　読者のみなさんは、この「過去進行形」や「過去完了形」、「過去完了進行形」といった漢字だらけの文法用語を見ただけで、すでに興味が失せてしまったのではないでしょうか？
　「文法を理解する」ことだけで、それぞれの時制を適当に表現しようとしても無理があります。みなさんだって、文法を理解してから日本語を話しているわけではないですよね？

英語を感覚的に理解すれば、時制のニュアンスも自然と身につく。

　みなさんには、このように考えていただきたいと思います。

そしてこの「感覚的に理解する」ことは、文法ルールを暗記するのではなく、英語を繰り返し使ってこそ、身につきます。そこで本書は、ルールの説明より、「感覚の説明」にページを多く割きたいと思います。

　１章で大まかな時制のルールを説明しますが、重要なのは２章です。２章では大量の例文とともに、時制と動詞の組み合わせによりニュアンスが変わる「ネイティブ感覚」について解説します（これだけ詳しく時制別に比較している本はないと思います！）。Q&Aのクイズ形式で読み進められますから、繰り返し問題を解くことで、自然に時制の持つニュアンスが理解できるでしょう。

　ブルース・リーも『燃えよドラゴン』で言っていましたよね？

Don't think. Feel.（考えるな。感じろ）

考えるのではなく、感じることで時制をマスターしましょう！

※１章の例文に出てくる動詞や副詞表現の中には、それぞれ第２章と第３章で詳しく解説しているものもあります。本章を読み終えた後には、ぜひ２章、３章と進んでください。

単純現在形が表わすのは「今」?

「いちばん簡単な時制は何ですか?」と聞かれたら、おそらく「現在」と答える人は多いと思います。

英語の授業では、最初にこの現在時制、すなわち単純現在形を習うはずです。「今」を表わす「現在」(単純現在形)を基本として、「昔」のことは過去時制(単純過去形)で、「未来」のことは未来時制(単純未来形)で表わすと習ったことでしょう。ですから、基本の単純現在形がいちばん簡単なはずだと考えるのも無理はありません。

しかし、ネイティブからすると、この単純現在形がもっとも説明がむずかしいのです。というのは、単純現在形は「単に今現在のことを表わす」だけでなく、さまざまな意味がからんでくるからです。最初に習う時制としては、予想以上に難易度が高いかもしれません。

実際に問題を解きながら考えていきましょう。まずはウォーミングアップ問題です。

> **問題**　「ナンシーはメガネをかけている」を自然な英語にすると、どちらですか?
>
> 1. Nancy *wears* glasses.
> 2. Nancy's *wearing* glasses.

解答　これを英語の初心者はよく間違えてしまいます。「…している」という日本語につられて、2の現在進行形を使ってしまう例をよく見かけます。しかし問題文は「メガネをかけている」と日常の習慣を言っていますから、一般的な**正解は1の単純現在形**です(「一般的な」と言ったのには理由があります。それについては、38ページの現在進行形の「2. 現在のみの一時的な状況」で説明します)。

日本語にまどわされない！

　日本人は「…している」という日本語につられ、つい現在進行形を使ってしまうことが多いようです。「どちらも『今のこと』を表現しているから、どう使い分ければいいかわからない」という声をよく耳にしますが、ネイティブからすれば**単純現在形と現在進行形はまったくの別物です。**

　まずは過去、現在、未来の3つの時で表わされる12の時制（単純過去形、単純現在形、単純未来形、過去進行形、現在進行形、未来進行形、過去完了形、現在完了形、未来完了形、過去完了進行形、現在完了進行形、未来完了進行形）を、正しく理解しましょう。12の時制を時間軸で表わすと、以下のようになります。

▼ 12の時制が表わす時

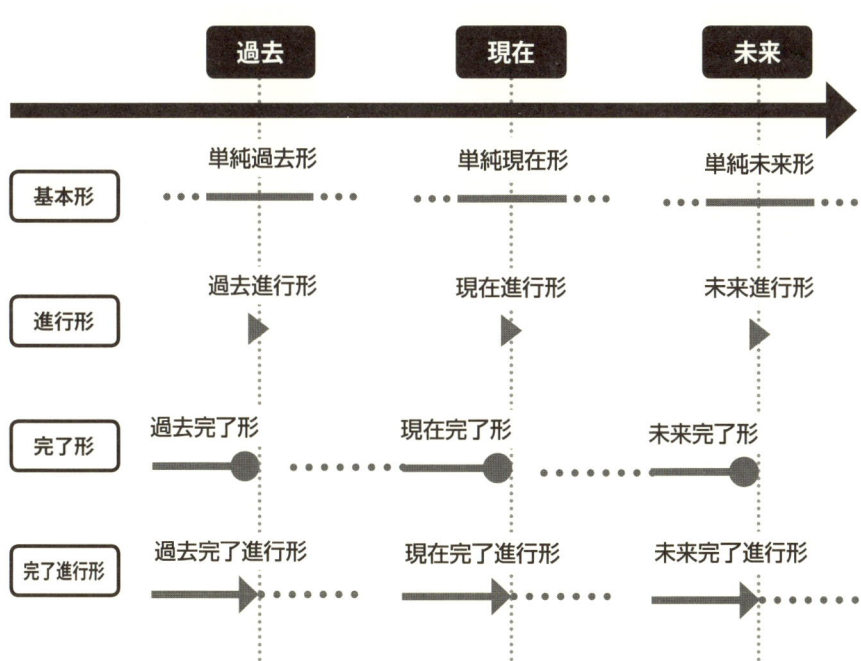

・▶は、まさにその瞬間に進行中の動作・状態を表わす。
・●は動作・状態の終点を表わす。
・■は動作・状態がつづいていることを表わす。

単純現在形と現在進行形を比較してみましょう。

▼ 単純現在形と現在進行形が表わす時

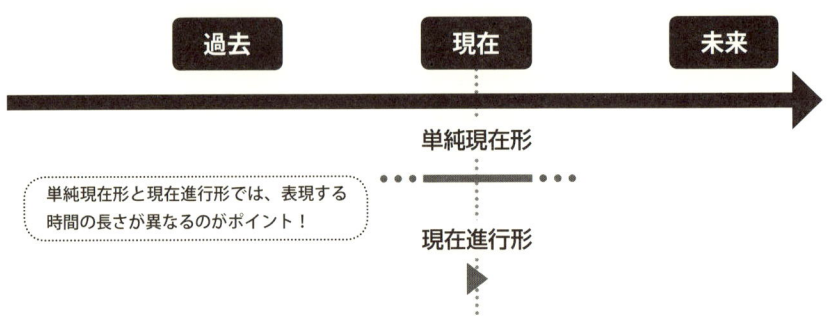

　単純現在形はその動作や状態が「いつ始まり、いつ終わるかが曖昧」で、ある程度の時間つづくことを意味します。一方、現在進行形はその動作や状態が「今、まさに進行しているその瞬間」を指すため、両者が表わす時間の幅はそもそも異なるのです。
　それでは、単純現在形で何が表現できるのでしょうか？　大きく、次の6つに分けられます。

▼ 単純現在形が表現するもの

> 1. 習慣的な行動
> 2. 一般的な真理・事実
> 3. 現在の状態1（所属・所有、知覚、感覚、心理、願望）
> 4. 現在の状態2（瞬間的動作・できごと）
> 5. 確定した未来の予定
> 6. 時や条件を表わす副詞節の中で使われる

それぞれ、例文とともに見ていきましょう。

1. 習慣的な行動

　動作動詞が単純現在形で使われる場合、習慣的な行動を表わします（play や go といった動きや動作、できごとを表わす動詞が動作動詞です）。

I *go* to school by bus every morning. （私は毎朝、バスで学校へ行く）
→毎朝、バスで学校へ行く＝習慣として繰り返し行なっていること。

▼ おもな動作動詞

arrive / come / drink / drive / eat / get / go / jump / leave / play / read / start / stay / swim / wait / write

　実際に問題を解きながら、現在時制の感覚を身につけていきましょう。

> 🔍 問題　次の英文を、時制のニュアンスを出して日本語にしてください。
>
> ***Do* you *play* baseball?**

🔒 解答　「なんて簡単な問題！」と思われるかもしれません。しかし、これを「あなたは野球をしますか？」という日本語にすると、英語のネイティブとしてはもの足りなく感じます。なぜなら、この英文は「野球をするか、しないか」、あるいは「野球をできるか、できないか」を聞いているのではないからです。

　ネイティブの感覚からすれば、これは「**習慣的に**」野球をプレイするかどうかをたずねています。

　ですから、**正解は「あなたはよく野球をしますか？」**と習慣的なニュアンスを含んだ日本語にするといいでしょう。

　ではもう1問。

> 🔍 **問題** 次の英文を、時制のニュアンスを出して日本語にしてください。
>
> A: What *does* he *do*?
> B: He *plays* the guitar.

🔒 **解答** 「彼は何をしているの？」「彼はギターを弾いてるよ」とした人がいると思いますが、それは必ずしも正しくありません。単純現在形ですから、習慣を意識しなくてはいけません。次のような日本語にすると、英語のニュアンスをうまく出せると思います。

A: 彼の仕事は？
B: ギタリストだよ。

「He *plays* the guitar. が『ギタリストだよ』なんて、意訳しすぎじゃない？」と思うかもしれませんが、職業を言う時にネイティブがとてもよく使う表現です。同様に What *does* she *do*?（彼女の職業は？）と聞かれて Linda *sings*. と答えたら、「リンダは歌っています」ではなく「リンダは歌手だ」となります。

Aの主語を you に変えて説明しましょう。そもそも、What *do* you *do*? と What *are* you *doing*? の違いはわかりますか？

What *do* you *do*? は習慣を表わしますから、「あなたはふだん何をしていますか？」→「ふだんは何を？」→「お仕事は？」と相手の職業を聞く時の決まり文句です。

一方の What *are* you *doing*? は、「今、何をしているの？」と相手が今している行動をたずねる現在進行形の表現です。

よって、Bの単純現在形を使った He *plays* the guitar. は、習慣を表わします。「彼は今ギターを弾いている」のではありません。「彼はふだんギターを弾いている」→「彼はギタリストだ」（「ギターを弾くのを職業にしている」）という意味になります。

もし「彼は今ギターを弾いている」と今現在彼がしている行動を指して言うのであれば、現在進行形を使って He's *playing* the guitar. としなくてはいけません。

英語の初心者がよく間違える単純現在形と現在進行形の違いを、次にまとめます。

▼ 動作動詞の時制による意味の違い

- 単純現在形 → 「よく［ふだん］…している」（習慣的な行動を表わす）
  I *play* the guitar.（私はよくギターを弾く）

  ※ What *do* you *do*? と聞かれてこう答えたら、「私はギタリストです」という意味。

- 現在進行形 → 「今…している」（今、進行している動作を表わす）
  I'*m playing* the guitar.（私は今ギターを弾いている）

では、もう1問。今度は間違えないでくださいね。

🔍問題　次の英文を日本語にしてください。

Where *do* you *play* the guitar?

🔓解答　これが「今どこでギターを弾いていますか？」でないことはもうわかりますよね？　これは「ふだんどこでギターを弾いてるの？」と「習慣的にギターを弾いている場所」をたずねる文になります。

　本来ネイティブはこのような言い回しをする際、**Where *do* you *play* the guitar every day?**（毎日どこでギターを弾いてるの？）のように、副詞（句）などの状況がわかる表現を添えます。状況を明らかにすることで、発言内容がより明確になるからです。

　参考書の例文として、I *play* baseball. という1文を見かけますが、この文にネイティブは違和感を覚えます。なぜかといえば、I *play* baseball. というフレーズを使うことはまずないからです。あるとすれば、**What sports *do* you *play* after school?**（放課後どんなスポーツをよくやりますか？）のように、ある程度質問者が状況を限定した場合のみです。

　そしてその場合も、I *play* baseball after school.（私はいつも放課後に野球をします）や、I *play* baseball on Sundays.（私はいつも日曜日に野球をします）のように、より内容が明らかになる副詞表現が添えられるのが自然です。そのため、ネイティブ同士の会話では、こうした時に always, every day, often, once a week, sometimes などの副詞（句）がよく付け加えられるこ

11

とになります。

時制と副詞表現は、切っても切れない密接な関係にある。

　副詞表現をオマケと考える日本人は多いようですが、そんなことはありません。ある意味、副詞表現が文全体を左右するといっても過言ではありません。時制と密接に結びついた副詞表現については、3章で詳しく説明します。

⏰ 2. 一般的な真理・事実

　単純現在形では、これがいちばん理解しやすい用法かもしれません。**一般的に真理・事実であると考えられることを表現します**。「AはBである」と普遍的な内容を表わし、数式や諺などもこの用法です。

The Earth *is* round. (地球は丸い)
　→一般的な真理
The city of New York *stands* on the east bank of the Hudson River.
　(ニューヨーク市はハドソン川の東岸に位置する)
　→一般的な事実
One plus one *equals* two. / One and one *makes* two. (1+1=2)
　→数式(一般的に事実とされること)

　現在のことでありながら、過去にも未来にも通じる内容が特徴です。この点に、単純現在形の時間幅の広さを感じ取れるのではないでしょうか？

⏰ 3. 現在の状態1 (所属・所有、知覚・感覚、心理・願望)

　中学校の教科書などでは、おそらく最初にこの単純現在形の使い方を学習すると思われます。この用法は、「**ある程度継続する、安定してつづいている状態**」を表わします。

I'*m* a student. (私は学生です)

→学生だ＝学生という状態が、今のところつづいている。

I *have* a dog.（私は犬を飼っています）

→犬を飼っている＝現在は犬を飼っている状態がつづいている。

I *feel* good.（いい気分だ）

→いい気分だ＝今は気分がいい状態である。

　この3つの例文に共通するのは、**状態を表わす動詞**です。動きや動作、できごとを表わす動作動詞に対し、動詞自体に「…している」という意味がある動詞を状態動詞と呼びます。この状態動詞は基本的に現在進行形にならないか、なるとしてもまれです（状態動詞は「感覚」「感情」「所有や関係、持続」「尺度」「認識」などの意味を表わす動詞です。状況によって、この状態動詞も進行形［過去進行形・過去完了進行形・現在進行形・現在完了進行形・未来進行形・未来完了進行形］の用法で使われることもあります。以下で説明します。

問題　「彼はチェスのやり方を知っている」を自然な英語にすると、どちらですか？

1. He *knows* how to play chess.
2. He's *knowing* how to play chess.

解答　「状態動詞は基本的に現在進行形にできない」ので、2は不自然です。「チェスのやり方を今一瞬だけ知っている」なんて、変ですよね？　ですから**正解は1**です。

　have（持っている）や know（知っている），hear（聞こえる）といった動詞はある程度継続している状態を表わし、その状態があと数秒、数分、数時間で終わるか意識することはまずないと思います。「学生である」ことや「犬を飼っている」と言う時は、今現在自分はそうで、数分後にそれが終わるとはまさか思わないでしょう。このような動詞が状態動詞です。

▼ おもな状態動詞

- 感覚を表わす：feel / hear / see / smell / taste
- 感情を表わす：fear / hate / like / love / prefer / want
- 所有や関係、持続を表わす：be / belong / consist / contain / differ / have / live / own / remain / resemble
- 尺度を表わす：cost / measure / weigh
- 認識を表わす：believe / doubt / find / know / remember / think / understand
- 願望を表わす：hope / wish

🔍 問題　次の英文を、ニュアンスの違いを出して日本語にしてください。

1. I *live* in London.
2. I'*m living* in London.

🔒 解答　基本的に、状態動詞は現在進行形になりせん。しかし、実は1, 2のどちらも英語として自然で、正解は次のようになります。

1. 私はロンドンに住んでいる。[現在の状態]
2. 私は一時的に今ロンドンに住んでいる（いつもは違うけれど）。[一時的な状態]

live という動詞自体に「…している」という意味があるので、通常、現在進行形にはしません（live は持続を表わす状態動詞と考えられます）。しかし、例外的に「一時的な状態」を示すことがあり、その場合、2のようにあえて現在進行形を使って表現します。そうすることで「一時的に今…している（いつもは違うけれど）」というニュアンスが出せるのです。6ページで例として挙げた Nancy's *wearing* glasses. も、この意味で使うのであれば、自然な英語になります。詳しくは、現在進行形の「2. 現在のみの一時的な状況」（38ページ）で説明します。

日常会話で単純現在形をいちばんよく使うのは、心理や願望など心の状態を表現する時かもしれません。

I *hope* you have a great holiday. （いい休日を過ごせるといいですね）
　→願望

I *think* you already know this, but ... （このことは知っているとは思うけど…）
　→思考

　I *think* ...（…と思う）、I *like* ...（…が好き）、I *want* ...（…がほしい）、I *suggest* ...（…してはどうでしょう）といった言い出しのフレーズでよく使われ、「知覚・感覚、心理・願望」を表わします。
　♪ I *want* you. I *need* you. なんてヒットした曲の歌詞にもありますが、これなどはまさにこの用法です。

⏱ 4. 現在の状態2（瞬間的動作・できごと）

　単純現在形で目の前で起こっている「瞬時的動作・できごと」が示されることもあるので注意しましょう。以下のように、スポーツや料理などで実際に何かをしている様子を描写する時に使われます。

Cristiano Ronaldo *dribbles* and *shoots*! （クリスティアーノ・ロナウドがドリブルからシュート！）

First, you *heat* up the skillet and *put* in the beef tallow. Next, you *put* in the vegetables and *throw* the beef on top. （まず鍋を熱して牛脂を入れてね。次に野菜を入れて、いちばん上に牛肉をのせるんだ）

⏱ 5. 確定した未来の予定

　単純現在形で、「…します」とほぼ確実に決まっている未来の予定も表現できます。日本人のみなさんが、実はよく使っている用法です。

This flight *arrives* at Narita at 8:30 AM.（当機は8時30分に成田へ到着します）
　→到着するのは未来
The meeting *starts* at 10:00 AM.（会議は10時に始まります）
　→会議が始まるのは未来

　arrive, begin, go, leave, start といった移動・発着を表わす動詞とともに、公的な予定に関して用いられることが多いです。

> 🔍問題　「明日は日曜日です」を英語にしてください。

🔒解答　簡単な問題です。でも、気がつきましたか？　こんな場合にこそ、単純現在形で確定した未来の予定を表現すればいいのです。正解は、Tomorrow *is* Sunday. です。これも、この用法の代表的な使い方の1つと言えます。

⏰ 6. 時や条件を表わす副詞節の中で使われる

　when や if といった時や条件を表わす副詞節の中では、未来のことも単純現在形で表わします。

Please call me <u>when</u> you *arrive* at the station.（駅に着いたら電話をください）
　→駅に着くのは未来のことだが、単純現在形で表現。
I won't go out <u>if</u> it *rains* tomorrow.（明日雨が降ったら、出かけません）
　→雨が降るのは仮の話だが、単純現在形で表現。

　ただし、これはあくまでも副詞節で、名詞節では異なります。

> 🔍問題　次の英文を、ニュアンスの違いを出して日本語にしてください。
>
> 1. Tell me when he *comes*.
> 2. Tell me when he *will come*.

🔒 **解答**　when 以下の節が1と2で異なり、1は副詞節、2は名詞節になります。1の when は従位接続詞で、when 以下は tell (me) を修飾し、副詞的に用いられます。一方、2の when は疑問詞で、when 以下は動詞 tell の目的語の名詞節となります。副詞節の中では単純現在形で未来を表わしますが、名詞節の中では未来時制（単純未来形や〈be going to ＋原形動詞〉）を使わなければいけません。よって、1の副詞節では「…したら教えて」となるのに対し、2の名詞節では「…する時を教えて」と教える内容が異なります。

　ただし Tell me when he *will come*. は、ネイティブからすると非常に曖昧な英語です。Tell me when he's going to come.（彼がいつ来るか教えて）だけでなく、Tell me when he is willing to come.（彼がいつ来てくれるのか教えて）という意味にも取ることができるからです。

　よって、正解は次のようになります。

1. 彼が来たら教えて。
2. 彼がいつ来るか教えて。／彼がいつ来てくれるのか教えて。

　when he *comes* と when he *will come* では、相手に伝わる内容はまったく異なりますから、注意しましょう。

過去は現在とは関係がない！

　現在時制（単純現在形）の複雑さに比べたら、過去時制（単純過去形）はものすごくシンプルです。過去時制で大事なのは、現在と過去はつながっていないことです。
　本来、時間は過去から現在へと推移していきます。しかし、基本的にネイティブ・スピーカーは、過去から現在までつづいているできごとは現在完了形で、現在とは関係のない過去に完結したできごとのみを単純過去形で表わすという考え方をします。よって、英語を理解する上では、現在と過去はまったく別の乖離した存在だと考えるといいでしょう。

▼ 単純過去形と単純現在形、現在完了形が表わす時

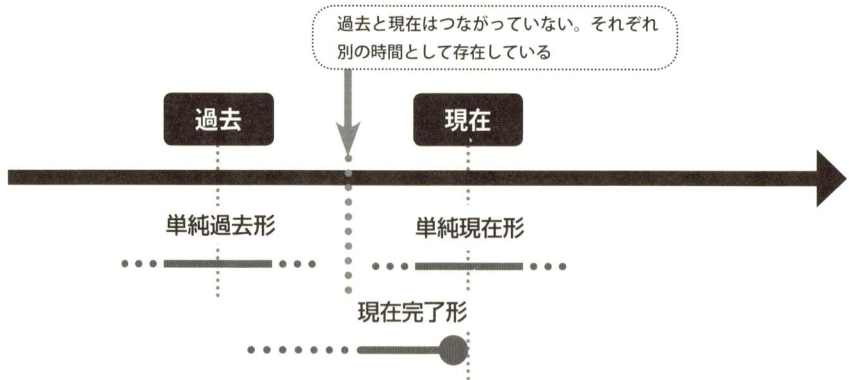

　日本人は、単純過去形と現在完了形の違いに悩むようですが、過去の「終わった感」「済んだ感」を理解すると、スムーズに使い分けられるはずです。
　「過去」という「すでに終わったものの箱」に入った時点で、時制は過去になる。こう考えればいいと思います。

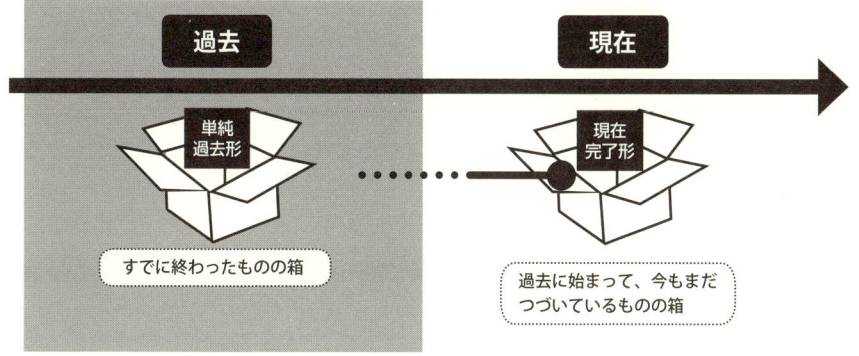

　一方、現在完了形は「過去から現在までつづいていること」を表わしますから、「過去に始まって、今もまだつづいているものの箱」に入れなくてはいけません。この「箱への仕分け」を、感覚的にできるようにしましょう。

> 🔍問題　次の英文を、ニュアンスの違いを出して日本語にしてください。
>
> 1. I *finished* my report.
> 2. I've just *finished* my report.

🔒解答　「レポートを終えた」と言う時、みなさんはどちらを使いますか？
実は、どちらも英語として自然な表現のため、どちらを使っても間違いではありません。どちらを使うかは、自分が相手にどう伝えたいかによります。

どんな時制を使っても英語としては通じるが、ニュアンスは変わってしまう。時制を使い分けることで、自分が本当に言いたいことを「間違いなく伝える」ことが大事。

　時制の使い分けで、いちばん微妙なのがひょっとすると単純過去形と現在完了形かもしれません。1の単純過去形だと「レポートを終えたのはすでに過去のこと」ですが、2の現在完了形だと「レポートを終えたのはちょうど今だ」となります。日本語にすると次のようになるでしょう。

1. レポートは終わったよ。
2. ちょうどレポートを終えたよ。

「すでに終えている」ことを言うなら1を、「ちょうど今終わったところだ」と言うなら2を使います。I've finished my report.（レポートが終わったところだ）でもいいのですが、まずネイティブはここに just を入れます。just を入れることで「ちょうど今（…したところだ）」と状況がより具体的にわかるからです。こんな細かな気遣いも、自然な英語に近づくためには大切なことなのです（詳しくは3章の just の項［173ページ］をご覧ください）。

時制の違いでニュアンスも変わることは理解できましたね？　では、単純過去形についてさらに学びましょう。単純過去形を用いるのは、大きく分けて次の4つを表現する場合です。

▼ 単純過去形が表現するもの

---

1. 過去の状態や動作
2. 過去の習慣
3. 願望（遠回しな願望を伝える）
4. 助動詞の過去形で微妙なニュアンスを表わす

それぞれを例文とともに見ていきましょう。

1. 過去の状態や動作

動詞を単純過去形にすることで、「…だった」「…した」と過去の状態や動作を表わします。「もう終わった状態・動作」というニュアンスが含まれることに注意してください。この「終わった感」が単純過去形の重要なポイントになります。

He *became* a well-known doctor in his 30s. （彼は30代で著名な医者になった）
→ 30代で著名な医者になったが、特に現在の状況には触れていないことに注意！

The train *arrived* at Tokyo Station on time.（その電車は定刻に東京駅に到着した）
→とっくに到着したというイメージ。

　現在の視点から見ると、「すでに終わっている、し終えている」という感じがあるのはわかりますか？　「今のこと」ではなく「すでに終わったこと」という感じがしますよね？　この感じが単純過去形ならではのものです。では問題を解きながら、単純過去形の感覚を身につけていきましょう。

> 🔍 **問題**　次の英文を、ニュアンスの違いを出して日本語にしてください。
>
> 1. I *didn't finish* my report.
> 2. I *haven't finished* my report.

🔒 **解答**　先ほどの問題の英文を否定形にしたものですから、楽勝ですよね？　1は単純過去形、2は現在完了形です。単純過去形は「終わった感」（書かなかった）を、現在完了形は「現在もつづいている感」（まだ書けないでいる）を出せばOKです。ただし先ほどの問題のアレンジですから、こう発言した場合の気持ちにも触れてみましょう。するとこうなります。

1. レポートが終わらなかった（これから書くつもりはない）。
2. レポートを終えていない（これからまだ書こうとするかもしれない）。

　この問題では、括弧の中の「気持ち」が大事です。1の単純過去形は、レポートを終えなかったこと自体をすでに「過去の終わったこと」として話していて、今後書くつもりは<u>ありません</u>。
　一方、2の現在完了形だと「今はまだレポートを終えていないが、場合によってはまだ書く可能性がある」という表現になります。この継続のニュアンスが、現在完了形ならではのものです。そのため、本来2の文は、**I *haven't finished* my report yet.**（<u>まだ</u>レポートを終えていない）というように、**yet**などの副詞を添えたほうがより文章が明確になるでしょう（詳しくは現在完了形の項で説明します）。

⏰ 2. 過去の習慣

単純現在形の動作動詞には「(よく)…する」という習慣の用法があると説明しました。同様に、動作動詞を過去形にすると「(よく)…した」と過去における習慣を表わします。

I usually *went* to the movies on Sundays.（あの頃、私はたいてい日曜日に映画に行った）
→ I *used to go* ... としても同じようなニュアンス。

I *went* to the movies.（私は映画に行った）だけだと、1の「過去の状態や動作」の意味にも取れますが、usually（たいてい）や on Sundays（日曜日に）といった副詞（句）があることで「過去の習慣」となります。しかし、この文もまた、あくまで過去の習慣を言っているだけで、現在その習慣がどうなっているかについては触れていません。ここでもまた「終わった感」「済んだ感」が表現されます。

⏰ 3. 願望（遠回しな願望を伝える）

hope や wish のような願望を表わす動詞を単純過去形で使うと、「…することができたら」という遠回しな願望を伝えることができます。ただし、やや込み入った表現となるため、日常会話ではまず使いません。

I *hoped* I could make people smile and laugh and have a good time.（人々を微笑ませ、笑わせ、楽しませられたらいいんだけど）

次のように過去のことを言うと、自然な感じになります（この用例は「1. 過去の状態や動作」と近いですが、「願望」の意味が強いので、ここに示します）。

My friend *said* she hoped no one was injured. I hoped so too.（誰もけがをしないことを願うと私の友人が言い、私もそう願った）

4. 助動詞の過去形で微妙なニュアンスを表わす

could, might, would といった助動詞の過去形は「…かな」「…かもしれない」といった微妙なニュアンスを表わすことができます。

I *could* buy you lunch. (昼食でもどう？)
→「あなたに昼食をおごることができる」→「昼食でもどう？」というイメージ

I *might* be wrong. (私が間違えていたかもしれない)
→不確かなニュアンス

I'*d* say it's time to buy a new car. (そろそろ新車を買おうかな)
→ I'*d* say it's time to ... で「そろそろ…しようかな」という意味

これは時制というより、助動詞のニュアンスと言ったほうがいいでしょう（詳しくは拙著『ネイティブが教える　ほんとうの英語の助動詞の使い方』をご覧ください）。

では、以下の違いを考えてみましょう。

> **問題**　メールが届いた時のお知らせはどちらですか？
>
> 1. You *got* mail.
> 2. You'*ve got* mail.

解答　昔、こんなタイトルの映画がありました。メールの着信音にも、こんなフレーズがありますよね？　過去のニュアンスが身についていれば、どちらを使うかわかるはずです。1は単純過去形ですから「すでに終わったこと」で、メールはとっくに届いていたことになり、一方2は現在完了形ですから「ちょうど今メールが届いたところ」になります。ですから**正解は2**です。1を使うネイティブもいますが、英語としては不自然です。

ちなみに、あえて「メールが1通届きました」とメールの着信数を言うなら、You'*ve got* one message [a message]. とすればOKです。

1. メールが届いています（過去にすでに届いていた）。
2. メールが届きました（ちょうど今届いたところ）。

最後にもう1つ問題です。

> **問題** 次の英文を、ニュアンスを出して日本語にしてください。
>
> Jack *tried* to help her.

解答 直訳なら「ジャックは彼女を助けようとした」でいいでしょう。では、ここでさらに質問します。「結局、ジャックは彼女を助けたでしょうか？ それとも助けなかったでしょうか？」

単純過去形は「現在とは切り離された過去の終わったこと」だと何度も説明しました。そして「だから今はどうなっているかわからない」とも言いました。しかし、例外的に try to ... だけは別なのです。

try だけなら「(…を) やってみる」とポジティブな語ですが、try to ... だと「…しようとする（しかし、実際はしない）」というネガティブなニュアンスになります。ですからこの文も、ニュアンスを出して日本語にすると次のようになるでしょう。

ジャックは彼女を助けようとした（しかし、実際は助けなかった）。

「彼女を助けようとはしたんだけど…」と、言い訳のようなフレーズになります。そのためあとに文がつづく場合も、次のように否定的な内容がつづくことが多いのです。

I *tried* to help her, but she wouldn't let me. (彼女を助けようとしたけど、彼女はそうさせてくれなかった [だから助けなかった])

単純未来形ほか
SIMPLE FUTURE, etc.

未来時制は別物！

　まず未来時制には、現在時制や過去時制と決定的な違いがあります。何かわかりますか？

　それは、**動詞には未来形がない**ということです。動詞に現在形、過去形はありますが、**未来形はありません**。そのため未来を表わす場合、〈助動詞 **will** ＋原形動詞〉の単純未来形や〈**be going to** ＋原形動詞〉を使わなくてはいけないのです。

　その点で「そもそも未来は現在や過去といった時制とは別物だ」という意見もありますが、まずは従来の時制の区分けに則り、そしてネイティブの使い方に焦点を当ててここでは説明していきます。

　まず、時間軸において「未来時制が表わす時」は次のようになります。

▼ 未来時制が表わす時

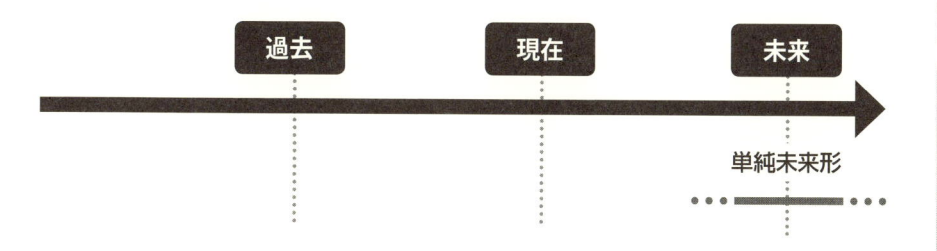

```
    過去          現在          未来
────────────────────────────────────▶
                              単純未来形
                              ········
```

　「will と be going to は同じ」と思っている人が多いようですが、ニュアンスは微妙に異なります。ウォーミングアップとして、次の問題に挑戦してみましょう。

> 🔍 **問題**　次の英文を、ニュアンスの違いを出して日本語にしてください。
>
> 1. I *will do* my report.
> 2. I'*ll do* my report.
> 3. I'*m going to do* my report.

🔒 **解答**　「I will の省略形が I'll である」「will と be going to は言い換えられる」と習った人もいるでしょう。まったく間違いというわけではありませんが、それぞれニュアンスが微妙に異なります。

1. 私はレポートを（絶対に）書きます。
2. （じゃ、私が）レポートを書くよ。
3. 私はレポートを書く予定です。

時制を使い分けることで、このように微妙なニュアンスを表現することも可能になります（詳しくは、それぞれの解説を参照してください）。

では、未来時制について見ていきましょう。未来の時制は、大きく次の6つの方法で表現されます。

▼ 未来時制の6つの表現方法

1. 助動詞 will ＋原形動詞（単純未来形）：単純な未来、意志
2. be going to ＋原形動詞：予定、推量
3. 単純現在形：（確定した）未来の予定
4. be ...ing（現在進行形）：近い未来の予定
5. will be ...ing（未来進行形）：未来で進行していると予想される予定
6. その他：be about to ＋原形動詞、be to ＋原形動詞など

それぞれ、例文とともに見ていきましょう。

1. 助動詞 will ＋原形動詞（単純未来形）：単純な未来、意志

〈助動詞 will ＋原形動詞〉（単純未来形）で、「…するだろう」という単純な未来と「…するんだ」という意志を表わします。

A: According to the news, it *will be* rainy today.（ニュースによると、今日は雨だろう）→「…するだろう」という単純な未来

B: I *will bring* my new raincoat.（私は新しいレインコートを持っていくんだ）
→「…するんだ」という意志

B は I'*ll bring* my new raincoat. とすることもできますが、その場合ニュアンスが変わり「新しいレインコートを持っていくよ」となります。2つの違いがわかりますか？（やや時制とは関係のない話になりますが、そういうこともあって「未来は現在や過去といった時制とは別物」と言われるのかもしれません。）

💬 ネイティブ・コメント

ネイティブは、I will ... と I'll ... を使い分けます。「…するんだ」と意志をはっきり表わすなら I will ... を、「…するよ」と急に思いついたことなら I'll ... を用います。次のようなやり取りだと、違いがわかりやすいでしょう。

A: I'*ll* tell you my age, but keep it a secret.（私の年を教えてあげるけど、みんなには内緒ね）

B: I *will*, I promise.（そうするよ、約束する）

A は急に思いついた発言ですが、対する B には「間違いなくする」というニュアンスが含まれます。気軽に「…するよ」と言うなら I'*ll* ... を、「（間違いなく）そうする」と断言する時に I *will* ... を使うといいでしょう。

※それがはっきりわかるように、特に CHAPTER 2 の「動詞別時制の使い分け」では、状況に応じて I will ... で始まる例文の日本語訳には「私は…」を頭に付けていますが、I'*ll* ... で始まるものはそれを付けていません（94 ページもご覧ください）

2. be going to ＋原形動詞：予定、推量

〈be going to ＋原形動詞〉で「…するつもりだ」とすでに決まった予定や「…だろう」と客観的に判断した推量を表わします。be going to ... の to は、本来「…へ」と方向を表わす語です。そのためネイティブは be going to ... に、具体的なものへと向かうイメージを持ちます。

A: I'm *going to go* to Denmark in January. (1月にデンマークへ行くつもりだ)
B: It's *going to be* really cold. (すごく寒くなるよ)

A は「あらかじめ決まった予定」を言いますが、B は「客観的に判断した推量」になります。be going to ... を無生物主語に使うと、非常にいきいきとした表現になるため、ネイティブは頻繁に使います。

There *are going to be* three activities next week. (来週、3つ活動の予定がある)
→ There *are going to* be ... (…がある予定だ) は予定を伝える際の決まり文句。

This milk *is going to go* bad soon. (この牛乳、もうすぐ悪くなっちゃうよ)
→ 「…だろう」と客観的な推測を伝える。

日本人は先の予定を伝える時、つい1語で簡単な will を使いがちですが、be going to ... と will, 'll を使い分けられるようになると、表現の幅が広がるでしょう。

▼ be going to ... と will, 'll の使い分け

- be going to ... ：あらかじめ決めていた場合
- will：単なる未来、または意志を表わす場合
- 'll (I'll など)：急に思いついた場合

> 🔍 **問題**　電話が鳴って「私が出る」と伝える時、ネイティブが使うのはどちらですか？
>
> 1. I'*ll* answer it.
> 2. I'*m going to* answer it.

🔒 **解答**　I'*ll* ... は「急に思いついた場合」に、I'*m going to* ... は「あらかじめ決めていた場合」に対して使うことはもうわかりましたね？　電話は急に鳴ったのですから、**正解は 1** です。ニュアンスを出して日本語にすると 1「私が出るよ」、2「私が電話に出るつもりだ」となります。

　I'*ll catch* you later.（またあとで）や I'*ll get* right on it.（すぐやるね）など即答のフレーズに I'*ll* ... が多いのは、このような理由からです。

⏲ 3. 単純現在形：（確定した）未来の予定

　「…します」とほぼ確定している未来の予定を単純現在形で表わすことができます。単純現在形の項でも触れましたが、公的な予定などに使うことの多い表現です（15ページの「5. 確定した未来の予定」参照）。

There's an express train that *leaves* in 15 minutes.（あと15分で出発する急行がある）
　→ in 15 minutes（あと15分で）があるので未来のことになる。

Next Sunday *is* my birthday.（次の日曜日は私の誕生日です）
　→ Next Sunday（次の日曜日）だが、現在時制の is を使う。

　これは特に注意しない限り、未来の表現とは気づかないかもしれません。このような場合、状況を表わす副詞（句）などの存在が重要になります。

⏲ 4. be ...ing（現在進行形）：近い未来の予定

　前後の文脈から明らかに未来とわかる状況で現在進行形〈be ...ing〉を用いると、「…します」と近い未来の予定を表わすことができます（39ページ参照）。

I'm leaving for Kyoto tomorrow.（私は明日、京都へ行きます）
→ tomorrow（明日）があることで、「（今）…している」と進行中の動作を表わす現在進行形の用法でないことがわかる。

3で説明したように、**単純現在形で未来を表わすと公的な予定のニュアンスが強くなりますが、現在進行形の場合、私的な予定を表わすことが多いようです。**

さて、未来の予定を表わす表現がいろいろと出てきましたね。どう使い分ければいいかわかりましたか？　問題を解きながら整理していきましょう。

問題　次の英文を、ニュアンスの違いを出して日本語にしてください。

1. I *have* a meeting tomorrow.
2. I'*m having* a meeting tomorrow.
3. I'*m going to have* a meeting tomorrow.
4. I'*ll have* a meeting tomorrow.

解答　先に正解を見ましょう。参考までに、未来の予定の確定度を私の個人的な感覚で％表示してみました。

1. 明日は会議がある（決定している）。
   〈単純現在形〉確定度 100％
2. 明日は会議を予定している（ほぼすでに詳細も決まった会議があるはずだ）。
   〈現在進行形〉確定度 80％
3. 明日は会議のつもりだ（会議はあるが詳細はまだ不明）。
   〈be going to ＋原形動詞〉確定度 70％
4. （じゃあ）明日は会議を開くよ（会議を急に思いついて言うイメージ）。
   〈will ＋原形動詞（単純未来形）〉確定度 60％

1の単純現在形は、**確定した予定を伝える**ことに注意してください。そう簡単に変更できない未来だからこそ、**Tomorrow *is* a holiday.**（明日は休日です）のような言い方が可能なのです。

2と3の違いは微妙です。いずれも未来のことを伝えますが、2の現在進行

形は「(議題などもすでに決まった)会議の予定がある」イメージなのに対し、3の **be going to ...** だと「会議の予定だけが決まっている」イメージになります。

　このような時にネイティブが使うのは、断然2です(ちなみに執筆時のGoogle 検索では、2が4780件なのに対し、3は5件でした)。1ほど断定的な予定ではないものの、個人のある程度決まった予定を伝えるなら、2のような現在進行形を使うといいでしょう。

　4は I'll ... なので、とっさに思いついたことを伝えるイメージになり、4つの中ではもっとも軽いノリの言い回しに聞こえるでしょう。やや不自然な表現です。

🕐 5. will be ...ing (未来進行形)：未来で進行していると予想される予定

　未来進行形〈will be ...ing〉で、未来の予定を表現できます。「…しているところだろう」と、未来のある時点でしているであろう行動を想像して発言するイメージです(48ページ参照)。

I'll be having a party tonight, so I won't be able to call you. (今晩パーティだから、きみに電話できないだろうな)
→今晩パーティに参加していることを想像した発言。

　I'll be having ..., so ~ は、あらかじめ何か予定がある時、ネイティブがよく使うフレーズです。「…をしているところだから、~」と具体的な予定を伝えるイメージになります。そのため、この例文でネイティブは「今晩パーティをしているところだから、きみに電話できないだろうな」→「今晩パーティだから、きみに電話できないな」というニュアンスをほのめかします。**tonight** や **at that time** など、未来の時間表現をともなうことに注目しましょう。

🕐 6. その他：be about to ＋原形動詞、be to ＋原形動詞など

　そのほかの未来を表わす代表的なフレーズを紹介しましょう。

・**be about to ＋原形動詞**(まさに…しようとして)
　「何かをする寸前」というイメージの表現です。

I think I*'m about to cry*!（もう泣きそうよ！）

　be about to ... の be 動詞を単純過去形にすると、「まさに…しようとしていた」となり、日常会話でも非常によく使います。次のようなやり取りは参考になるでしょう。

A: Is George there in the office?（ジョージは事務所にいる？）
B: Yes, he *was about to call* you, in fact.（ええ、実は彼、まさに今あなたに電話しようとしていたところよ）

　では、最後にまとめ問題に挑戦しましょう。

> **問題**　次の英文を、ニュアンスの違いを出して日本語にしてください。
>
> 1. This train *will arrive* at Tokyo.
> 2. This train *arrives* at Tokyo.
> 3. This train *will be arriving* at Tokyo.
> 4. This train *is arriving* at Tokyo.

解答　電車の車内アナウンスで、似たような案内を耳にしたことがあるはずです。どれも似たような英語ですが、ネイティブが思い描くイメージは微妙に異なります。正解は次のようになるでしょう。

1. この電車は東京駅に着くでしょう（単に未来のことを言っている）。
2. この電車は東京駅に着きます（確定した予定を言っている）。
3. この電車はもう間もなく東京駅に着きます（まだ駅は見えていないくらい）。
4. この電車は東京駅に到着します［到着しつつあります］（もう駅が見えているくらい）。

　いずれも未来を表わす表現ですが、ニュアンスが微妙に異なります。中にはこのままだとよくわからない言い方もありますが、次のように状況がわかる言葉を添えると、はっきりします。

1. This train *will arrive* at Tokyo in five minutes.
   (この電車はあと5分で東京駅に着くでしょう)
   →単純に未来のことを言っている。
2. This train *arrives* at Tokyo at 10:00. (この電車は10時に東京駅に着きます)
   →確定した予定を言っている。
3. This train *will be arriving* at Tokyo in a few minutes, so we need to get ready to get off. (この電車はあと数分で東京駅に着くから、降りる準備をしないと)
   →まだ電車から駅は見えないが、もうすぐ到着するイメージ。
4. This train *is arriving* at Tokyo, so we need to get ready to get off.
   (この電車はもう東京駅に到着するから、降りる準備をしないと)
   →「まさに今、到着している」イメージ。

いかかでしょう。ネイティブが抱くようなイメージを想像できましたか？ぜひ今度、車内アナウンスに注意深く耳を傾けてください。

> **ネイティブ・コメント**
>
> 〈be to＋原形動詞〉(…することになっている) を未来の表現とする考え方もありますが、ネイティブはあまり日常的にこの言い回しを使いません。あえて使うとしたら、次のように何かを宣告するようなフレーズでしょう。
>
> You're *to blame* for this problem. (きみはこの問題の責任を取ることになる)
>
> 未来というより人に何かを宣告するイメージのややきつい表現になりますから、使う際は注意が必要です。

33

進行形
PROGRESSIVE

⏰ ピンポイントの動きがポイント！

　進行形〈be ...ing〉で、「…している」とものごとが進んでいる様子を表わすことができます。これによって、ピンポイントの動きが表現できます。
　話し手が視点を現在、過去、未来のいずれに置くかで、用いる時制は変わります。現在なら現在進行形を、過去なら過去進行形を、未来なら未来進行形を用います。

▼ 進行形の３つの時制

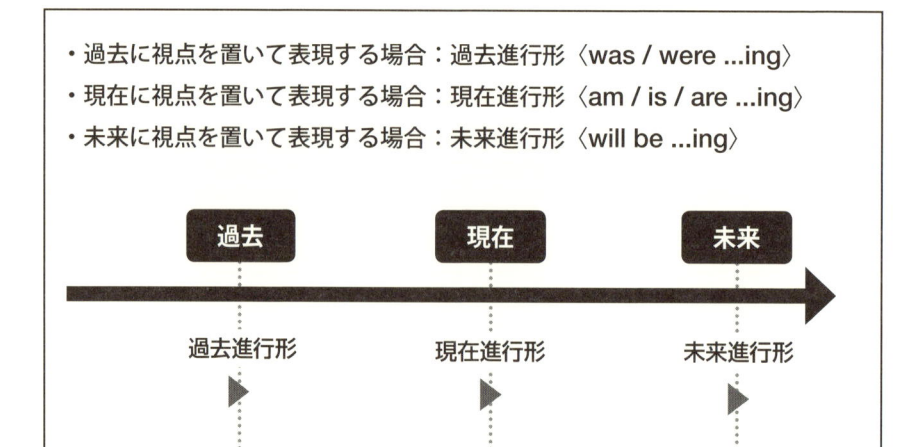

・過去に視点を置いて表現する場合：過去進行形〈was / were ...ing〉
・現在に視点を置いて表現する場合：現在進行形〈am / is / are ...ing〉
・未来に視点を置いて表現する場合：未来進行形〈will be ...ing〉

過去	現在	未来
過去進行形	現在進行形	未来進行形

では、まずは現在進行形を確認しましょう。

現在進行形
PRESENT PROGRESSIVE

　現在進行形〈am / is / are ...ing〉は、単純現在形よりも幅の狭い時間内のできごとを表現します。今現在の動作や状況をリアルに表わすため、会話などのくだけた表現でよく用いられます。冷静で客観的な印象を与える単純現在形より、話し手の気持ちのこもった表現になるようです。

　また「今、進行していること」だけでなく、未来や一時的なこと、反復行動なども表わせます。バリエーション豊かな表現ができるため、ネイティブは現在進行形が大好きです！

▼ 現在進行形が表わす時

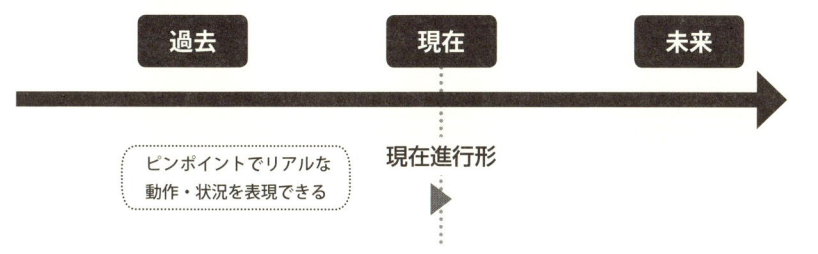

過去　　　現在　　　未来

ピンポイントでリアルな動作・状況を表現できる

現在進行形

▼ 現在進行形が表現するもの

1. 今まさに進行している動作や状況
2. 現在のみの一時的な状況
3. 近い未来の予定
4. ある程度の期間、継続する状況や行為
5. 今、進行している動作や状況のリアルな推移
6. 相手を責めるニュアンス
7. 繰り返しの動作

それぞれを、例文とともに見ていきましょう。

⏱ 1. 今まさに進行している動作や状況

「(今)…している」と、まさに今ものごとが進行している様子を表わすことができます。

I'*m coming* from the train station. (今、駅からそちらに向かっています)
→気持ちはすでに目的地にあるので、動詞は go ではなく come を使う。

Where are you now? (今どこにいるの？) などと聞かれて、よくこんな返事をします。これなどはまさに今、急いで移動している雰囲気がよく表われています。

> 💬 **ネイティブ・コメント**
>
> 現在進行形の会話例として、次のようなやり取りを参考書などで見かけます。
>
> A: What *are* you *doing* now? (今、何してるの？)
> B: I'*m playing* tennis. (私はテニスをしています)
>
> しかし、ネイティブからすると、これはあまりオススメできない会話例です。なぜかというと、このやり取りは携帯電話など「相手が見えない状況での会話に限られる」からです。ふつう、目の前にいる相手にわざわざこんなことは聞きませんよね？ テニスをしていることは一目瞭然ですから。ただし同じ目の前にいる相手でも、次のようなやり取りなら自然です。
>
> A: What *are* you *doing*? (何してるの？)
> B: I'*m writing* a letter. (手紙を書いているんだ)
>
> 相手が何をしているかわからないなら（書き物であれば何を書いているのか、すぐにはわかりませんよね？）、こんなやり取りも自然です。

「…している」という日本語につられ、単純現在形と現在進行形の使い分けがうまくできない日本人をよく見かけます。問題を解きながら、時制の違いを身につけていきましょう。

> 🔍 問題　次の英文を、ニュアンスの違いを出して日本語にしてください。

1. How *do* you *like* your new phone?
2. How *are* you *liking* your new phone?

🔓 解答　まずはじめに「2は英語として不自然なのでは？」と思う人もいるかもしれませんが、どちらも自然な英語です（ただし2は口語的な表現になります）。
　ネイティブは like のような状態動詞をあえて現在進行形にすることで、今の like（好き）という状態を強調します。そのため正解は次のようになります。

1. 新しい電話はどう？
2. 新しい電話は気に入ってる？

　1の単純現在形の言い方は、単に「どんな感じか」を聞く客観的な質問になります。一方2の現在進行形は「気に入っている」と like を強調した言い方になり、スラング的な言い回しではあるものの、より気持ちのこもった表現になります。
　13ページで「状態動詞は基本的に現在進行形にならないか、なるとしてもまれ」と述べたとおり、状態動詞でも現在進行形として使われる場合があります。それが「今まさに進行している動作や状況」を強調する、この用法なのです。
　のちほど出てくる現在完了進行形の解説でも、「基本的に現在完了進行形は、現在までつづく<u>動作の継続を表わす</u>」としていますが、状態動詞でもあえて進行形で表現する場合があることを覚えておいてください。
　ではもう1問。本書の読者であるみなさんであれば、次の例文の違いはすぐにおわかりですね？

> 🔍 問題　「私は出版社で働いています」を英語にすると、どちらですか？

1. I *work* at a publishing company.
2. I'*m working* at a publishing company.

🔒 **解答** 「今だけ働いている」わけではなく、習慣的に働いていることを言うのであれば、正解は単純現在形を使った1の表現になります。

とはいえ、I'm working at a publishing company. は英語として不自然なわけではありません。次の2で紹介する用法があるからです。

⏱ 2. 現在のみの一時的な状況

状態動詞を現在進行形で使うと、「一時的に今…している（いつもは違うけど）」という通常とは異なる現在のみの一時的な状況を表わすことができます。そのため、先ほどの例文も次のような意味になります。

A: What do you do?（仕事は何ですか？）
B: I'm working at a publishing company.（私は一時的に今、出版社で働いています［本来は別の会社で働いている］）
　→一時的なことだから、動詞は現在進行形になる。通常であれば、単純現在形になる。

出版社で働いているのは一時的なことだと強調するため、あえて現在進行形を使うのです。では、次の問題はどうでしょう？

📝 **問題** 次の英文を、ニュアンスの違いを出して日本語にしてください。

1. She's mean.
2. She's just *being* mean.

🔒 **解答** 歌詞に出てきそうなフレーズですね。先ほどの問題が理解できれば、これは簡単なはずです。

1. 彼女は意地悪だ。
2. 彼女は（今）たまたま意地悪なだけだ（いつもはそうじゃない）。

しかし、2の場合「彼女は（今）たまたま意地悪なだけだ。いつもはそうじゃない」と、言外の「いつもは違う」のニュアンスが強調されます。

〈... is just being ... 〉と人の性格を現在進行形で表わすと、本来とは逆の意味合いが強くなるのです。1の「彼女は意地悪だ」はただの悪口ですが、2の「彼女はいつもは意地悪じゃない（今たまたまそうなだけだ）」は彼女を弁護する内容になります。アメリカのブルース歌手 B. B. King の曲に "She's a Mean Woman" がありますが、**She's just *being* mean.** なんて言って彼女をかばって、逆にだまされないようにしましょう。

　これが逆に She's just *being* kind. と言えば「彼女はたまたま親切にしているだけだ（本当はそうじゃない）」となり、これまた刺のある言い方になります。性格について言う場合、注意が必要です！

🕐 3. 近い未来の予定

　前後の文脈から明らかに未来とわかる状況で**現在進行形を用いる**と、「…します」と近い未来の予定を表わすことができます。現在のことではないとわかるように、未来を表わす副詞（句）をともなうことが多いです。

> **I*'m leaving* work soon, so wait for me there.** （もうすぐ職場を出るから、そこで待っていて）
> →職場を出ることはすでに確定しているイメージ

　あえて現在進行形を使うことで、「今もうすでにその行動に移っている」ことが強調されます。そのため「もう職場を出られる」状況にあり、未来のこととはいえ、ほぼ**確定的な予定**を表わすのです。繰り返しになりますが、単純現在形で未来の予定を表現すると公的なものになりますが、現在進行形であれば、話し手の気持ちが強調されるため、**私的な予定**になります。

　未来を表わす表現は数多くあるため、混乱している読者もいるかもしれません。2つずつ比較して、現在進行形が表わす未来のニュアンスを把握していきましょう。

> 🔍問題　次の英文を、ニュアンスの違いを出して日本語にしてください。
>
> 1. I'm *having* lunch with Linda tomorrow.
> 2. I'm *going to have* lunch with Linda tomorrow.

🔒解答　1はすでにリンダとランチする店や時間も決まっているイメージに、2はリンダとのランチの予定だけが決まっているイメージになります。

1. 明日リンダとランチする予定がある（場所や時間も決まっている）。
2. 明日リンダとランチするつもりだ（ランチの予定だけが決まっている）。

現在進行形で未来の予定を表現する場合、この**確定度の違い**も意識してください。パーティなどで退席する際に I'm *leaving* now.（もう行きます）と言うのは、ほぼ気持ちが固まった時に使うからです。

▼ 現在進行形と〈be going to ＋原形動詞〉の違い

- 現在進行形：「…する予定がある」「…することになっている」
  ※ほぼ予定が確定している（実現度は高い）

- be going to ＋原形動詞：「…するつもり［予定］だ」
  ※予定だけが決まっている（現在進行形より実現度は低い）

> 🔍問題　次の2つの文を、ニュアンスの違いを出して日本語にしてください。
>
> 1. We're *leaving* in five minutes.
> 2. We'll *leave* in five minutes.

🔒解答　1は現在進行形ですから、出発することはもう決定済みで、準備をまさに今進めているイメージです。一方2は、出発すること自体をたった今思いついたような感じですから、準備もまだ何もしていないように思えます。

1. 5分で出ることになっているよ（5分で出られるよう、すでに準備を進めているイメージ）。
2. 5分で出るよ（あと5分で出ようと、とっさに思いついたイメージ）。

▼ 現在進行形と〈will ＋原形動詞〉（単純未来形）の違い

- 現在進行形：「…する予定がある」「…することになっている」
  ※ほぼ予定が確定している（実現度は高い）

- 〈will ＋原形動詞〉（単純未来形）：「（じゃあ）…するよ」
  ※とっさに思いついたイメージ（まだ準備はしていない［できていない］）

ネイティブは現在進行形の未来表現を非常によく使います。

4. ある程度の期間、継続する状況や行為

現在進行形によって、「（ある期間）…している」と一定期間、継続する状況や行為も表わすことができます。

I'm seeing Carrie, but we probably won't get married. （キャリーとはつき合ってるけど、たぶん、僕たちは結婚しない）
→まさに今、進行している動作でないことは状況から判断できる。

see（つき合う）のような動詞だと、非常によく「一定期間、継続しているイメージ」が伝わるはずです。

5. 今、進行している動作や状況のリアルな推移

「…しかけている」と進行中の動作のリアルな移り変わりを表わすことができます。

The train *is stopping* now. （その電車はまさに今止まりかけている）
→「走っている」から「止まる」状態への推移過程

電車は「走っている→止まる」に動きが推移していますから「…しかけている」という表現がぴったりです。

> **🔍 問題** 次の2つの文を、ニュアンスの違いを出して日本語にしてください。
>
> 1. My battery *is* dead.
> 2. My battery *is dying*.

🔒 解答 この2つのうち、スマートフォンのバッテリーが切れそうな時に使うのはどちらでしょう？ もう正解はわかりますよね。そう、現在進行形を使った2です。

1. バッテリーが切れた。
2. バッテリーが切れかけている。

1はすでにバッテリーが切れた状態ですが、2はまだ切れてはいません。この表現を人に対して使う場合は、どうかくれぐれもご注意ください！

🕐 6. 相手を責めるニュアンス

感情を表わす動詞を現在進行形にして always や all the time のような副詞（句）とともに使うと、「（いつも）…してばかりいる」と相手を責める言い回しになります。

> She's <u>always</u> *complaining*. （彼女はいつも文句ばかり言っている）
> → always がないと、今進行中の動作にも取れる。always があることでこの用法になる。

この英文の意味を「彼女はいつも私に文句を言っている」と取ると、本来の意図が伝わりません。これは「彼女はいつも私に**文句ばかり**言っている」と不満を伝えています。

> He's *playing* games <u>all the time</u>. （彼はいつもゲームばかりしている）

→ play は感情を表わす動詞ではないが、これも all the time があることで、暗に不満を伝えることができる。

🕐 7. 繰り返しの動作

現在進行形で「(繰り返し)…している」といった繰り返しの動作や状態を伝えられます。

My son *is getting* sick a lot.（息子はこの頃よく病気になる）
→ネイティブはこの文に「この頃」というニュアンスを込める。

cough（咳をする）や nod（うなずく）のような動詞を用いると、繰り返しのイメージがわきやすいでしょう。

My son *is* always *coughing*.（息子はいつも咳き込んでいる）
→「いつも咳をしている」より「いつも咳き込んでいる」という日本語にすると、繰り返しの度合いの高さが表現できる。

では、最後に、おなじみのフレーズを比較してみましょう。

🔍 **問題**　次の英文を、ニュアンスの違いを出して日本語にしてください。

1. How *are* you?
2. How *are* you *doing*?
3. How *have* you *been*?

🔒 **解答**　いずれも定番の挨拶表現です。1は単純現在形で「現在どのような状況か」を礼儀正しくたずねる言い方です。2は現在進行形で「まさに今どうしているか」聞いています。話し手の気持ちがこもっている印象を受けます。3の現在完了形の言い方は「過去のある時点から現在に至るまで、どのようにしているか」をたずねています。久しく会っていなかった人同士がよく使います。

1. お元気ですか？（ご機嫌いかがですか？）
2. 元気？（調子はどう？）
3. 元気にしてた？（最近どう？）

　単純現在形の１は、現在進行形でリアルな今の状況をたずねている２よりもややかしこまった印象を与えます。そのため、くだけた日常会話では１よりも２がよく使われます。

　現在進行形には、ほかにもさまざまな挨拶のフレーズがあります。**How's it *going*?** も、２と同じようなニュアンスを示します。**How's everything (*going*)?** は、相手の家族や職場のことなども含めてたずねることができます。**What's *happening* now?** は直訳すれば「今何が起こっているの？」ですが、「調子はどう？」「元気にしてる？」という意味で使われます。

　現在完了形の３は、しばらく会わなかった人に久しぶりに会った時によく用います。

　それぞれ意味も微妙に異なりますから、臨機応変に使い分けるようにしましょう。

過去進行形
PAST PROGRESSIVE

　現在進行形をマスターできれば、過去進行形〈was / were ...ing〉は簡単です。現在進行形の視点を過去に移せばいいからです。

▼ 過去進行形が表わす時

```
        過去         現在         未来
─────────┼──────────┼──────────┼──────▶
         ┊
       過去進行形
         ▶
```

　以下の過去進行形の文を見てみましょう。現在進行形をそのまま過去形にすれば、過去のある時点での動作や状況が表現できます。

I *was coming* from the train station <u>when it started to rain.</u>（雨が降り出した時、駅からそちらに向かっているところだった）
　→過去のある時点で進行していた動作や状況。

I *was working* at a publishing company <u>at that time.</u>（私はその時、一時的に出版社で働いていた）
　→過去のある時点の限定的な状況。

I *was seeing* Carrie, but we broke up.（キャリーとはつき合っていたけど、別れた）
　→過去のある程度の期間、継続していた状況や行為。

He *was becoming* a well-known doctor when he decided to become a politician. (彼は政治家になろうと決心した時、すでに著名な医者になりつつあった)
→過去のある時点で進行していた動作や状況のリアルな推移。

He *was* always *surprising* me. (彼はいつも私を驚かせてばかりいた)
→ surprise にはそもそも「人の不意を突く」ニュアンスがあるため、そのことに対する不満を伝える文になる。

My son *was* always *coughing*. (息子はいつも咳き込んでいた)
→過去の繰り返しの動作。

> **問題** 次の英文を、ニュアンスの違いを出して日本語にしてください。
>
> 1. I *played* tennis yesterday.
> 2. I *was playing* tennis yesterday.

解答 1は単純過去形なので、「昨日テニスをした」という「すでに終わったできごと」を述べ、どれくらいの時間テニスをしたかということは表現していません。一方、2の過去進行形から、ネイティブは「昨日（1日中）ずっとテニスをしていた」という感じを受けます。進行形は動作が進行しているその瞬間を表わしますが、yesterday のような副詞(句)をともなうことで、「昨日（1日中）ずっと」というニュアンスが表現されるからです。

1. 私は昨日テニスをした。
2. 私は昨日（1日中）ずっとテニスをしていた。

> **問題** 次の英文を、ニュアンスの違いを出して日本語にしてください。
>
> 1. I *gave* up on you.
> 2. I *was giving* up on you.

解答 1の単純過去形だと、2人の関係はすでに終わったものとなります。I *gave* up on you a long time ago. (ずいぶん前にきみに見切りをつけ

た）と、あとに語句をつづけるとわかりやすいでしょう。2の過去進行形は、相手に見切りをつけようとしていたものの、何かのきっかけで見切りをつけるのをやめた（まだ相手のことを好きでいる）、という状態です。日本語にすると、次のようになるでしょう。

1. きみに見切りをつけた。
2. きみに見切りをつけるところだった。

　たとえ過去のこととはいえ、進行形でものごとがリアルに進んでいる感じが表現できます。

未来進行形
FUTURE PROGRESSIVE

　未来進行形〈will be ...ing〉で、未来のある時点で進行していると思われる動作や状況が表現できます。未来のある時点での動作・状況の推測にすぎないため、やや客観的なニュアンスを含みます。視点の基準となる、未来を表わす語句に注目してください。

▼ 未来進行形が表わす時

```
過去        現在        未来
─────────────────────────▶
                        ┊
                        ┊未来進行形
                        ▼
```

　未来進行形は未来の予定を推測して答える言い回しになります。I を主語にして使われることが多く、I'll ... が「…するよ」と思いつきの予定を言うのに対し、I'll be ...ing は「…しているところだろう」と予想した上での発言になります。

▼ 未来進行形が表現するもの

1. 未来のある時点で進行している動作や状況
2. 未来進行形を疑問形にした婉曲表現

1. 未来のある時点で進行している動作や状況

　「…しているところだろう［…することになっている］」と、未来のある時点で

進行している動作や状況を表わします。比較的、近い未来に対して多く用います。

A: What *will* you *be doing* at 7:00?（7時に何をしている？）
B: I'*ll be coming* from the train station at 7:00.（7時には駅からそちらに向かっているところだ）
→「7時には駅からそちらに行くことになっている」と同じ意味。

I'*ll be ...ing* は自分の予定を伝える際、よく使うフレーズです。進行形を使うので、よりリアルな状況を伝えることができます。

問題　次の英文を、ニュアンスの違いを出して日本語にしてください。

1. I'*ll come* from the train station at 7:00.
2. I'*ll be coming* from the train station at 7:00.

解答　伝える内容はほぼ同じです。どちらを使っても問題ありませんが、ふつうネイティブが使うのは1でしょう。I'*ll come* from ... と言えばいいものを、わざわざ I'*ll be coming* from ... とめんどうな言い方にする必要はないからです。

あえて2の未来進行形を使う場合、あとに so ... とつづく含みがあります。I'*ll be coming* from the train station at 7:00, so wait for me in front of the bank.（7時に駅から行くことになるから、銀行の前で待ってて）といったフレーズであれば、2を使うのが自然です。

1. 7時に駅から行くよ。
2. 7時に駅から行くことになるよ。

問題　次の英文のうち、自然な英語になるのはどちらですか？

1. I'*ll live* in New York from next week.
2. I'*ll be living* in New York someday.

🔒 **解答**　未来進行形は「…の時に」「…の時点で」など具体的な時間表現とともに使うので、2は不自然な英語になります。2をニュアンスを出して無理に日本語にすれば、「私はいつかわからない時にニューヨークに住んでいるだろう」という不思議な文になります。一方、1の単純未来形なら「来週から私はニューヨークに住むよ」となり、自然な英語になります。そのため**正解は1**です。具体的な未来の時間表現の有無がポイントです。

🔍 **問題**　次の英文を、ニュアンスの違いを出して日本語にしてください。

1. I'*m having* a meeting tomorrow.
2. I'*ll be having* a meeting tomorrow.

🔒 **解答**　1の現在進行形の未来表現は、「明日は会議の予定がある」と（議題などもすでに決まった）会議の予定を、現在の視点で発言するフレーズです。

一方、2の未来進行形は「明日は会議をしているだろう」とやや曖昧に聞こえます。この場合、I'*ll be having* a meeting tomorrow morning at 10:00.（明日の午前10時には、会議をしているだろう）のように具体的な未来の時間表現を加えると、より内容が明確になり、自然な表現になります。

1. 明日は会議がある。
2. 明日は会議をしているだろう。
   (⇒曖昧に聞こえるので、I'*ll be having* a meeting tomorrow morning at 10:00.［明日の午前10時には、会議をしているだろう］などと必要な情報を添えるのがよい)

⏱ 2. 未来進行形を疑問形にした婉曲表現

未来進行形は「…することになっている」と予定を表わすため、疑問形にすると「…することになっていましたっけ？」という婉曲的で、やや回りくどい言い方になります。

***Will* you *be going* to Hawaii for the holidays?**（休暇はハワイに行くことになっていましたっけ？）

→ふつうに予定を聞くなら、***Are* you *going* to Hawaii for the holidays?** となる。

回りくどい質問をするのには、理由があります。このようにへりくだってたずねて、相手がそれに **Yes.**（うん）と答えれば、そのあとお願いごとなどを切り出しやすいからです。そう頻繁に使う言い回しではありませんが、人に何かを頼みたい時に使うと効果的です。

🔍問題　次の英文を、ニュアンスの違いを出して日本語にしてください。

1. What *are* you *going to do* tomorrow morning?
2. What *will* you *be doing* tomorrow morning?

🔒解答　1は **be going to ...** を使って未来の予定を聞く定番フレーズです。一方2は、未来進行形を使った婉曲表現になります。明日の朝の予定を聞くだけなら1を使うはずですが、あえて2で聞かれた場合、相手は何か下心があるはず。あなたの返事次第で、思わぬ頼まれごとをされるかもしれません。

1. 明日の朝は何をする予定ですか？
2. 明日の朝は何をすることになっていましたっけ？

🔍問題　次の英文を、ニュアンスの違いを出して日本語にしてください。

1. When *are* you *going to return* the DVD I lent you last week?
2. When *will* you *be returning* the DVD I lent you last week?

🔒解答　1は「いつ…しますか？」と相手の予定をたずねるシンプルな未来の疑問表現です。一方、2は未来進行形の疑問形ですから、回りくどい聞き方になります。ちなみに1を **When will you return...?** とすると「いつ…すると約束しますか？」に近い、ややきつい言い方になります。そのためこのような時は、**be going to ...** を使ってたずねるのが一般的です。

1. 先週貸した DVD はいつ返してくれる予定？
2. 先週貸した DVD はいつ返してくれることになってましたっけ？

完了形
PERFECT

　日本人がいちばん苦手とする時制が、完了形〈have＋過去分詞〉でしょう。過去、現在、未来とシンプルに３つに区切られていれば、その時に応じた時制を使えばいいだけですが、この完了形があるために、ややこしく感じるようです。

　「『**基準とする時間より前に起こったできごと**』が、なんらかの形で『**基準とする時間**』までつながっている」ことを表わします。この「つながっている感」が完了形のポイントです！　ある程度、時間的な幅のある行為や状態を〈have＋過去分詞〉だけで表わせるからこそ、ネイティブは完了形を多用するのです。

　過去、現在、未来の３つの時の流れにおいて「過去から現在まで」なら現在完了形を、「過去から過去のある時点まで」なら過去完了形を、「未来から未来のある時点まで」なら未来完了形を使って表現しましょう。

▼ 完了形の３つの時制

- 過去から過去のある時点までつながっている場合：過去完了形〈had＋過去分詞〉
- 過去から現在までつながっている場合：現在完了形〈have/has＋過去分詞〉
- 未来から未来のある時点までつながっている場合：未来完了形〈will have＋過去分詞〉

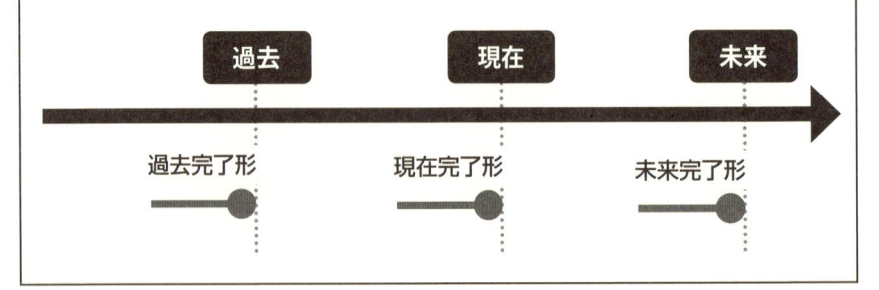

現在完了形
PRESENT PERFECT

　現在完了形〈have / has ＋過去分詞〉は、過去に起こったできごとが、なんらかの形で現在とつながっていることを表わします。「完了・結果（…したところだ、…してしまった）」「経験（…したことがある）」「継続（ずっと…している）」の３つの用法を覚えておきましょう。

▼ 現在完了形が表現するもの

> 1. 完了・結果（…したところだ、…してしまった）
> 2. 経験（…したことがある）
> 3. 継続（ずっと…している）

🕐 1. 完了・結果（…したところだ、…してしまった）

　「過去に始まったできごとが、その結果現在どうなったか」を表現します。just（ちょうど）や already（すでに），yet（もう、まだ），now（今）などの語句をよくともないます。

▼ 単純過去形
　I *finished* the project.（私はそのプロジェクトを終えた）
　　→すでにそのプロジェクトを終えている［終わった過去のこと］。

▼ 現在完了形
　I've just *finished* the project.（ちょうどそのプロジェクトを終えたところだ）
　　→過去にプロジェクトが始まり、ちょうど今終わった。

　このように、過去と現在のかかわり合いを表わせるのが現在完了形なのです。

▼ 単純過去形と現在完了形の使い分け

・単純過去形：過去のすでに終わった動作や状態
・現在完了形：過去の動作や状態が、なんらかの形で現在とつながっている状況

では、単純過去形と比較することで、現在完了形の感覚を身につけていきましょう。

問題　次の英文を、ニュアンスの違いを出して日本語にしてください。

1. I *lost* my key.
2. I'*ve lost* my key.

解答　Where's your key?（鍵はどこ？）と聞かれた時の返事です。1，2のいずれも英語として自然ですが、状況によりどちらを使うかが変わります。「鍵をなくした」と「過去の終わったこと」として言うなら1を、「鍵をなくして今もまだ見つかっていない」と「現在もつづく状況」を言うなら2です。

1. 鍵をなくした。
2. 鍵をなくしているんだ（まだ見つからない）。

ポイントは、「過去のできごとが、結果として現在どうなっているか」を伝えるかどうかです。

1の単純過去形は、ただ過去のできごとを述べているだけなので、やや客観的な発言に聞こえます（すでに済んだことを言っているので、会話もこれで終わってしまうでしょう）。

一方2の現在完了形だと、「今もまだ見つかっていない（困った）」と現在に関係する話をしているため、話し手の思いなども感じられる表現になります（こう言われたら、相手も「よく探した？」などなにかしらの対応をしたくなります）。

すでに終わってしまった話より、今の話をしたいのは誰だって同じですよね？　「会話は言葉のキャッチボール」ですから、今につながる話をしたくて、

ネイティブは現在完了形をよく使うのです。

　日本人は、とかく過去のことは単純過去形で表現しようとしますが（文字どおり、動詞を過去形にするだけで簡単ですからね）、現在完了形ならではの表現をぜひ理解してください。

> 🔍問題　次の英文のうち、正しいのはどちらですか？
>
> 1. I *didn't finish* my homework yet.
> 2. I *haven't finished* my homework yet.

🔒解答　正解は2で、「まだ宿題を終えていない（これからするかもしれない）」となります。では、なぜ1はダメなのでしょうか？

　それは1が「過去のすでに終わったこと」を表わす文だからです。not ... yet（まだ…していない）は、「まだ終わっていない」行為に対して用いるため、過去のすでに済んだことには使えないのです。文法の正誤問題としてよく出されるタイプの間違えやすい問題ですが、このような時は副詞 yet を手がかりに判断します。副詞（句）は時制と密接に関係することを覚えておいてください。

> 🔍問題　「朝食は済んだ？」を英語にすると、どちらですか？
>
> 1. *Did* you *have* breakfast?
> 2. *Have* you *had* breakfast (yet)?

🔒解答　1, 2のいずれも英語として自然です。しかし、1は「朝食を食べた？」と過去の事実として朝食を取ったかどうかを確認しているのに対し、2は「朝食は（もう）済んだ？」と食事が現在までに完了しているかをたずねる表現になります。

　1は朝食からかなり時間が経っている状況で使われることが多いと思います。一方2は、今も朝食を取ることが可能な時間内を想定して用いられます。日本語の「…は済んだ？」という質問は、直近のことを聞く場合に使いますよね？　ですからこの場合、一般的にネイティブが使うのは現在完了形で、**正解は2**になります。

余談ですが、*Have* you *finished* your homework yet?（もう宿題は済ませた？）と聞かれて No と答える時、どう答えますか？
　No, I haven't. と答える人も多いようですが、この場合ネイティブならまず No, not yet.（ううん、まだ）と yet を使って答えます。
　では、次の yet のある現在完了形の文を、have to を使って言い換えるとどうなるでしょうか？

You *haven't answered* my question yet.（あなたはまだ私の質問に答えていない）
⬇
You *have* yet *to answer* my question.（あなたはまだ私の質問に答えていない）

　have to の間に yet を入れると、have yet to ...（まだ…していない）という言い方ができます。ただし、やや堅い言い回しになるので、状況を判断して使いましょう。次のような言い方をよくします。

You *have* yet *to reach* your full potential.（あなたはまだ自分の可能性をすべて出し切っていない）

🕒 2.　経験（…したことがある）

　「過去のある時点から現在に至るまでの経験」を表現します。ever（今までに、これまで）や never（…したことはない）, once（1 回）, before（以前に）, often（しばしば）など、経験や回数を表わす語句をよくともないます。

▼ 単純過去形
　Did you *eat* natto?（納豆を食べた？）
　　→納豆を食べたかどうか、過去の事実のみを聞いている。

▼ 現在完了形
　Have you ever *eaten* natto?（今までに納豆を食べたことはある？）
　　→納豆を食べた経験があるかどうかをたずねている。

　ever と never を使うことで、現在までの経験の有無を表わすことができます。

A: *Have* you *ever been* to Mt. Fuji?（今までに富士山へ行ったことはある？）

B: No, I've *never been* there.（ううん、一度も行ったことがない）

→ネイティブは口語でよく No, I *haven't been* there (yet).（ううん、[まだ] 行ったことがない）とも表現する。

🔍 問題　次の英文のうち、英語として自然なのはどちらですか？

1. I *went* to France last year.
2. I've *been* to France last year.

🔒 解答　実は2には決定的な間違いがあります。どこかわかりますか？先ほど説明したように、現在完了形は ever や before のように「現在とつながりのある表現」しか使えず、last year のような「過去の一時点」のみを指す表現と一緒に使えないのです。そのため、正解は1です。

現在完了形は現在とつながりのあることを言うので、「経験」「完了・結果」の意味であれば、yesterday（昨日）や last week（先週）など、明らかに過去の一時点を表わす語句とは一緒に使えません。これもまた、単純過去形との大きな違いの1つです。

ところで、現在完了形の have / has been to ... と have / has gone to ... の違いに、頭を悩ませる日本人が多いようです。

🔍 問題　次の英文を、ニュアンスの違いを出して日本語にしてください。

1. He *went* to London.
2. He *has been* to London.
3. He *has gone* to London.

🔒 解答　1は単純過去形ですから、過去に終わったできごとを伝えるのみです。2の現在完了形 has been to ... は「…に行ったことがある」と経験を、3の現在完了形 has gone to ... は「…に行ってしまった（その結果、今ここにはいない）」と完了・結果を表わします。

1だと「彼が今どこにいるのか」には触れていません。He *went* to

London, so he isn't here now. を 1 文で表わしたのが、 3 の He *has gone to London*. だとも言えるでしょう。have / has been to ... と have / has gone to ... では、伝える内容が異なることに注意してください。

1. 彼はロンドンに行った。
2. 彼はロンドンに行ったことがある。
3. 彼はロンドンに行ってしまった（今はここにいない）。

▼ have / has been to ... と have/has gone to ... の違い

- have / has been to ... ：「…に行ったことがある」と「経験」を表わす。
- have / has gone to ... ：「…に行ってしまった（その結果、今ここにはいない）」と「完了・結果」を表わす。

では、just を加えるとどうなるでしょうか？

問題 次の英文を、ニュアンスの違いを出して日本語にしてください。

1. He *has* just *been to* a convenience store.
2. He *has* just *gone to* a convenience store.

解答 1 がちょっと厄介かもしれません。has been to ... （…に行ったことがある）に just を加えると、has just been to ... （ちょうど…に行ってきたところだ）と、完了・結果と経験がまざったような表現になります。そのため、正解は次のようになります。

1. 彼はちょうどコンビニに行ってきたところだ（だから今はここにいる）。
2. 彼はちょうどコンビニに行ったところだ（だから今はここにいない）。

have / has gone to ... に already を加えると、日常生活でよく使うフレーズになります。

A: Are you at home now?（今、家にいる？）
B: No, I've (already) *gone to* work.（いや、もう仕事に出ちゃったよ）

3. 継続（ずっと…している）

「過去のある時点から現在に至るまでずっと継続していること」を表現します。for（…の間）や since（…からずっと）などの期間を表わす語句をともなうことが多いのが特徴です。

▼ 単純過去形
I *lived* in America.（私はアメリカに住んでいた）
→過去にアメリカに住んでいたという事実を述べ、現在のことには触れていない。

▼ 現在完了形
I've *lived* in Japan for five years.（私は5年間、日本に住んでいる）
→5年前から現在に至るまでずっと住んでいる。

問題 次の英文のうち、英語として自然なのはどちらですか？

1. Since coming to Tokyo, I'm busy.
2. Since coming to Tokyo, I've been busy.

解答 「東京に来てから私は忙しい」に相当する英語を選ぶ問題です。1が文法的に間違っているのはわかりますか？ since や for のような継続を表わす語句がある場合、現在完了形にする必要があります。そのため、正解は2です。be や know, live といった状態動詞が現在完了形で用いられると、継続の意味が表現されます。

問題 次の英文の（　　）に for または since を入れて日本語にしてください。

1. Bob *has been* sick in bed（　　）four months.
2. Bob *has been* sick in bed（　　）last Saturday.

🔓 解答　違いは（　）のあとにつづく副詞句です。1を <u>for</u> four months とすれば、「4カ月間」と期間を表わします。2を <u>since</u> last Saturday とすれば、「先週の土曜日から」と起点を表わします。継続の用法で使われる場合、for は期間を、since は起点を表わすのがポイントです。正解は1に for, 2に since です。

1. Bob *has been* sick in bed <u>for</u> four months.（ボブは4カ月の間、病の床にふしている）
2. Bob *has been* sick in bed <u>since</u> last Saturday.（ボブは先週の土曜日から病の床にふしている）

では、以下の問題を解いて、現在完了形の「結果・完了」「経験」「継続」の区別について考えてみましょう。

🔍 問題　「そのバスは8時に出発した」を自然な英語にすると、どちらですか？

1. The bus *left* at 8:00.
2. The bus *has left* at 8:00.

🔓 解答　実は、2は英語として不自然です。at 8:00 のように具体的な過去の時を表わす語句がある場合、現在完了形は使えないからです。たとえば2が、The bus *has* just *left*.（そのバスはちょうど出発したところだ）や The bus *has* already *left*.（そのバスはもう出発してしまった）であれば、自然な英語になります。よって、正解は1です。

🔍 問題　次の英文を、ニュアンスの違いを出して日本語にしてください。

1. Eric Clapton *is making* a new song.
2. Eric Clapton *has made* a new song.

🔓 解答　1は「エリック・クラプトンは新曲を作っている」と、誰でもわかったはず。現在進行形ですから、クラプトンはまさに今、新曲を制作している最中です。一方、2は現在完了形ですから、「エリック・クラプトンは新曲を作っ

たところだ」→「エリック・クラプトンは新曲を完成させた」となります。現在完了形の「完了」の用法ですから、この場合、新曲は完成したことになります。

1. エリック・クラプトンは新曲を作っている。
2. エリック・クラプトンは新曲を完成させた。

　2を「継続」の用法と間違えないようにしましょう。もし継続のニュアンスを伝えるなら、Eric Clapton *has been making* new songs since 2014. と現在完了進行形を使わなければなりません。そうすれば、「エリック・クラプトンは2014年から新曲をずっと作りつづけている」となります。また、Eric Clapton *has* just *made* a new song. とすれば「エリック・クラプトンはちょうど新曲を完成させた」となり、「完了」のニュアンスがより明確になります。
　ネイティブは副詞表現に敏感です。なぜかわかりますか？　副詞表現により、文全体のニュアンスが変わってくるからです。副詞表現を添えることで誤解がなくなり、より「完了」の意図を伝えることができるのです。

問題　次の英文を、ニュアンスの違いを出して日本語にしてください。

1. *Did* you *have* a good time?
2. *Have* you *had* a good time?

解答　パーティを楽しんだか聞く時に使うようなフレーズです。過去と現在のニュアンスの違いは、もうわかりますよね？　パーティが終わってかなり時間が経ってから聞くなら1，パーティが終わった直後くらいに聞くなら2です。正解は次のようになります。

1. 楽しんだ？
2. 楽しかった？

　日本人はついつい簡単な単純過去形を使ってしまいますが、ネイティブは日常会話ではよく現在完了形を用います。*Have* you *had* enough?（十分に食べましたか？）や *Have* you *had* any luck yet?（うまくいってる？）など、決まり文句を挙げればキリがありません。こうした言い方を臨機応変に使い分け

られると表現の幅が広がります！

> 💬 ネイティブ・コメント
>
> 「春が来た」を英語にするとどうなるでしょうか？
> 現在完了形を使った Spring *has come*. と学校では習いましたよね？
> しかし、このような場合、ネイティブは圧倒的に Spring *is* here. と現在時制で表現します。Spring *has come*. をニュアンスを出して日本語にすると「春がやって来た」となり、やや大げさな表現に聞こえるからかもしれません。Spring *is* here. なら「春が来た」くらいのカジュアルなニュアンスになります。
> 〈be ＋過去分詞〉を使い、Spring *is come*.（春がやって来た）と表現することもできますが、これもまたかなり形式ばった表現になります。
> 会話なら、... *is* here.（…が来た）を使い、Someone *is* here to see you.（誰かがきみに会いにきてるよ）などと言うのが一般的です。あえて時間の経過を出して仰々しく表現したい時は、The time *has come*.（その時がやって来た［機は熟した］）のように現在完了形を使うといいでしょう。

過去完了形
PAST PERFECT

　過去完了形〈had＋過去分詞〉は、過去のある時点までに起こったできごとを表わします。現在完了形の「過去→現在」を、さらに過去へスライドさせたものと考えればいいでしょう。「過去よりさらに過去（便宜上、「大過去」としましょう）」と「過去」の時制のズレを表現するために、過去完了形を使うのです。

　過去完了形も、現在完了形と同じく、「完了・結果（…してしまっていた）」「経験（…したことがあった）」「継続（ずっと…していた）」を表わします。例文とともに見ていきましょう。

▼ 過去完了形が表現するもの

| 1. 完了・結果（…してしまっていた） |
| 2. 経験（…したことがあった） |
| 3. 継続（ずっと…していた） |

🕐 1. 完了・結果（…してしまっていた）

　「過去（大過去）に始まったできごとが、その結果、過去のある時点にどうなったか」を表現します。just（ちょうど）や already（すでに），yet（もう、まだ）などの語句をよくともないます。基準の時から見てどうであるかを考える必要があります。

▼ 現在完了形
　I've already left for work.（私はもう仕事に出かけていた）

▼ 過去完了形
　I had already left for work when you called me.（あなたが私に電話した時、私はもう仕事に出かけてしまっていた）

＜過去（大過去）＞　　　　　　＜基準となる過去の時＞
　「私は仕事に出かけた」→その後→「あなたが私に電話した」

　「私が仕事に出かけてしまった」のは、基準となる「あなたが私に電話した時」より前で、同時に起こったことではありません。この時制のズレを表現するために過去完了形を使うのです。

2. 経験（…したことがあった）

　「過去のある時点までの経験」を表現します。ever（今までに、これまで）や never（…したことはない）, once（1回）, before（以前に）, often（しばしば）など、経験や回数を表わす語句をよくともないます。

▼ 現在完了形
　I *'ve met* Jane before.（私は以前、ジェーンに会ったことがある）

▼ 過去完了形
　I *had met* Jane before the party, so I knew she was there.（パーティの前にジェーンに会っていたので、彼女がそこにいるとわかった）

　「ジェーンに会った」のは、基準となる「パーティ」より前です。さらにこの文では、「（だから）彼女がそこ（パーティ会場）にいるとわかった」と時制のズレが表現されます。
　もしこれが「パーティの前にジェーンに会った」なら I *met* Jane before the party. でいいのですが、そのあとに「（だから）…とわかった」ともう1つの過去のできごとを表わすので、I *had met* Jane before the party, so I knew ... と過去完了形にしなくてはいけないのです。

3. 継続（ずっと…していた）

　過去のある時点まで「ずっと…していた」と、その行為やできごとが継続していたことを表現します。for（…の間）や since（…からずっと）などの期間を

表わす語句をよくともないます。

▼ 現在完了形
I've *played* tennis for several years.（私は数年テニスをしている）

▼ 過去完了形
I *had played* tennis for several years before the tournament.（私はその試合の前まで、数年間テニスをしていた）

　基準の時となる試合の日まで、テニスを数年間していたことを表わします。過去完了形なら、過去の試合日との時間のズレも表現可能です。

　特に基準となる時を設定せず、複数のできごとを時系列で伝える場合、どちらも単純過去形で表わします。

My wife *bought* a watch for me, but I sold it.（妻が時計を買ってくれたが、私はそれを売ってしまった）
　→「時計を買った時」と「時計を売った時」のズレは、特に文脈に関係ない。

　特に基準となる時が文脈に影響を及ぼさず、時制のズレを表現しなくてもいい場合、ネイティブはシンプルに単純過去形で表現します。「え？　じゃあどっちを使えばいいの？」と思うかもしれませんが、答えは簡単。「過去の時にズレが生じていて、それを表現しなければならない時だけ、過去完了形を使う」と覚えておきましょう。

▼ 単純過去形と過去完了形の使い分け

- 単純過去形：時の前後関係がわかる表現があったり、ものごとの順序が明らかな場合
- 過去完了形：過去の時にズレが生じていて、それを表現しなければならない場合

> 🔍**問題**　次の英文を単純過去形のみで表現してください。
>
> She *lost* the wallet that she *had bought* the previous day.

🔒**解答**　「彼女は前の日に買った財布をなくした」という意味の文です。明らかに「前の日に買った」ことのほうが古いできごとだとわかりますよね？
　ですからネイティブは、シンプルに単純過去形で以下のように表現します。

She *lost* the wallet that she *bought* the previous day.

　時間のズレがあっても、複数のできごとが連続で起きていることが明らかであれば、過去完了形は使いません。
　とはいえ、「時間のズレ」を明示する必要がある場合は、必ず過去完了形を用います。以下の問題はどうでしょうか？

> 🔍**問題**　ネイティブが使う、より自然な英語はどちらですか？
>
> 1. My mother *didn't say* a word until I *finished* my homework.
> 2. My mother *didn't say* a word until I *had finished* my homework.

🔒**解答**　「私が宿題を終えるまで、母はひと言も発しなかった」という意味の文だということはわかりますよね？　時間経過を考えると、「私が宿題を終えた」→それまで「母はひと言も発しなかった」となるはずです。「母がひと言も発しなかった」と「私が宿題を終えた」は、同時に起こったことではありません。この時間のズレを表現するには、過去完了形を使う必要があります。そのため、**正解は2**になります。

未来完了形
FUTURE PERFECT

　未来完了形〈will have + 過去分詞〉は、未来のある時点までに起こると予想されるできごとを表わします。2つの未来の行為を比較して表現する際、よく使います。
　現在完了形や過去完了形と同じく、「完了・結果（…してしまっているだろう）」「経験（…したことになるだろう）」「継続（ずっと…していることになるだろう）」を表わします。例文とともに見ていきましょう。

▼ 未来完了形が表現するもの

---
1. 完了・結果（…してしまっているだろう）
2. 経験（…したことになるだろう）
3. 継続（ずっと…していることになるだろう）

🕐 1. 完了・結果（…してしまっているだろう）

　「未来のある時点までに完了していると予想されること」を表現します。just（ちょうど）や already（すでに），yet（もう、まだ）などの語句をよくともないます。日常会話では、次のようなやり取りで使われます。

> A: I should get to your house by 9:00.（お宅に9時までに行きたいんだけど）
> B: I *will have* already *gone* to work, but my husband will still be here.
> 　（私はもう仕事に出てしまっているでしょうけど、夫はまだいるわ）

　基準となる時は9時で、それまでに「私はもう仕事に出てしまっている」→9時を過ぎても「夫はまだいる」となります。

2. 経験（…したことになるだろう）

「未来のある時点までに経験していると予想されること」を表現します。ever（今までに、これまで）や never（…したことはない），once（1回），before（以前に），often（しばしば）など経験や回数を表わす語句のほか、if（もし）のような条件を示す接続詞とともによく使われます。

Sawako *will have seen* Star Wars: The Force Awakens four times <u>if she sees it again</u>.（沢子はもう一度『スター・ウォーズ／フォースの覚醒』を観たら4回観ることになる）

基準となるのは「次にその映画を観ること」で、「次に観る」→「4回観たことになる」と回数の増加を表わします。

3. 継続（ずっと…していることになるだろう）

「未来のある時点までずっと継続していると予想されること」を表現します。for（…の間）や since（…からずっと）などの期間を表わす語句とともによく用いられます。

She *will have lived* in Paris for three years <u>when she graduates</u>, so she should be able to speak French by then.（彼女は卒業する時には3年間パリに住んでいることになるから、それまでにフランス語を話せるようになるだろう）

基準となるのは「彼女が卒業する時」で、「彼女が卒業する時」→「彼女は3年間パリに住んでいることになる」という時間経過になります。

問題 次の英文を、ニュアンスの違いを出して日本語にしてください。

1. He *will start* two companies by this time next year.
2. He *will have started* two companies by this time next year.

🔓 **解答**　1は単純未来形の文ですから、「…だろう」という未来の内容になります。一方2は、未来完了形の文ですから「…してしまっているだろう」と未来に完了していると予想される内容を述べています。似た表現ですが、2の場合「立ち上げ終わっている」と完了を表わしている点で異なります。

　ただし、このような場合、ネイティブなら He's *going to start* two companies within the next year.（彼は来年中に2つの会社を立ち上げる予定だ）といった表現を好んで使います。

1. 来年の今頃までに彼は2つの会社を立ち上げるだろう。
2. 来年の今頃までに彼は2つの会社を立ち上げているだろう。

🔍 **問題**　ネイティブが使う、より自然な英語はどちらですか？

1. It *will stop* raining by the time we get home.
2. It *will have stopped* raining by the time we get home.

🔓 **解答**　2の未来完了形の文は、英語として不自然だと言い切れませんが、まず使わない表現です。一般的に使うのは、シンプルに未来を表現できる1の単純未来形の文です。これなら「私たちが家に着くまでに雨はやむだろう」となります。... *will have stopped* という表現は、簡単に動き出してしまうものには使わず、しっかり止まるものに対してのみ使います。よって、正解は1になります。

　もし未来完了形で **stop** を使うのであれば、The war *will have stopped* by the time a new president is elected.（新しい大統領が選ばれるまでに戦争は終わっているだろう）といった文なら自然に聞こえます。

完了進行形
PERFECT PROGRESSIVE

　完了形と進行形を組み合わせた完了進行形〈have been ...ing〉は、「ずっと…しつづけている［いた］」という「ある程度、幅のある時間における動作の継続」を表わします。
　ただし現在完了進行形を別として、やや回りくどい言い方になるため、ネイティブは過去完了進行形や未来完了進行形を避け、より簡単な表現に言い換える傾向があります。

現在完了進行形
PRESENT PERFECT PROGRESSIVE

　現在完了形と進行形を組み合わせた現在完了進行形〈have / has been ...ing〉は、「(今まで) ずっと…しつづけている」という動作の継続を表わします。現在完了形の継続の用法とよく似ていますが、「ずっと…しつづけている」という進行中の動作が現在完了形より強調されるのがポイントです。

▼ 現在完了進行形が表わす時（現在完了形と比較して）

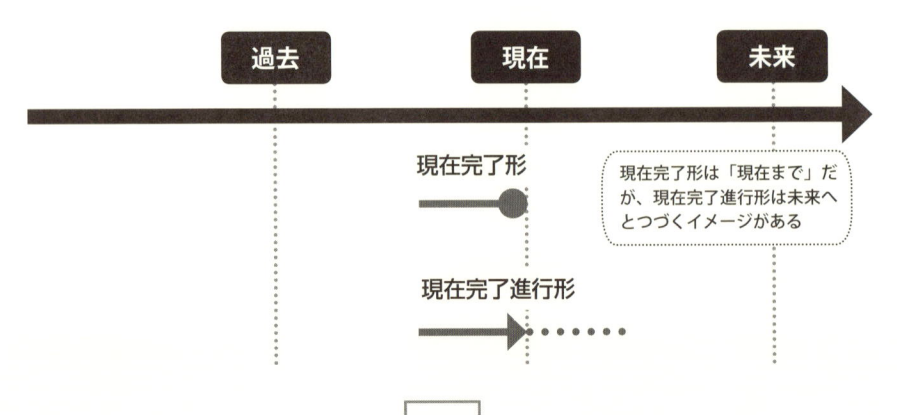

過去　　　現在　　　未来

現在完了形

現在完了進行形

現在完了形は「現在まで」だが、現在完了進行形は未来へとつづくイメージがある

▼ 現在完了進行形が表現するもの

> 現在までつづく動作の継続：「（今まで）ずっと…しつづけている」

🕐 現在までつづく動作の継続

過去のある時点からずっと同じ動作がつづき、今なおつづいている時に使う表現です。現在完了形の継続の用法で動作動詞を使う場合、基本的にこの現在完了進行形を使います。

▼ 現在完了形

I've cleaned the restroom.（トイレを掃除し終わった）
→過去のある時点からトイレ掃除を始めて、ちょうど今終わった。

▼ 現在完了進行形

I've been cleaning the restroom.（私はずっとトイレを掃除しつづけている）
→過去のある時点からトイレ掃除を始めて、今もまだ掃除をしている。

上の2つの文で異なるのは進行形であるかないかですが、意味はまったく違います。現在完了形の場合「完了・結果」を表わしますが、現在完了進行形の場合「継続」になることに注意しましょう。動作動詞を現在完了形で用いると基本的に「完了・結果」の意味になるため、「…しつづけている」という動作の継続を表わす場合、あえて現在完了進行形を用いるのです。

> 🔍 問題　「彼女は3年間英語を教えている」を英語にすると、どちらですか？
>
> 1. She *has taught* English for three years.
> 2. She *has been teaching* English for three years.

🔒 **解答**　現在完了進行形は、基本的に「ずっと…しつづけている」という「動作の継続」を意味します。I've been cleaning the restroom.（私はずっとトイレを掃除しつづけている）のような文であれば違和感がありませんが、teach のように「継続的に動作を繰り返す状態動詞」の場合、現在完了形で継続の意味を表わすことができるため、わざわざ現在完了進行形を使う必要がありません。そのためこのような動詞の場合、ネイティブは2の現在完了進行形ではなく、1の現在完了形を用いるのです。したがって正解は1です。

では、次のような場合どうなるでしょうか？

🔍 **問題**　次の英文を、ニュアンスの違いを出して日本語にしてください。

1. I'*m feeling* sick.
2. I'*ve been feeling* sick for three hours.

🔒 **解答**　基本的に進行形で用いるのは動作動詞です。しかし、すでに何度か説明しているとおり、状態動詞も進行形で使われることがあり、現在完了進行形でも用いられます。たとえば、I've been waiting for three hours.（3時間ずっと待ちつづけている）のように、状態動詞でも、「状態」の継続ではなく「動作」の継続（ずっと…しつづけている）をあえて強調したい場合には、現在完了進行形を用います。その形でよく使われる動詞に、learn や live, rain, stay, study, wait, work などがあります。

37ページの問題の like のように、ネイティブはあえて状態動詞を進行形にすることでニュアンスを強調します。ここで取り上げた feel はまさにその例でしょう。ネイティブは「気分が悪い」ということを強調するために、あえてこのように feel を進行形で表現します。正解は次のようになります。

1. 気分が悪い。
2. 3時間ずっと気分が悪い。

今の体調を言うなら1を、3時間前からつづく体調を言うなら2を使いましょう。

過去完了進行形
PAST PERFECT PROGRESSIVE

　過去完了形と進行形を組み合わせた過去完了進行形〈had been ...ing〉は、「(過去のある時点まで) ずっと…しつづけていた」という過去の動作の継続を表わします。過去完了形の継続の用法とよく似ていますが、「ずっと…しつづけていた」という動作の継続が、過去完了形より強調されるのがポイントです。基準となる時は「過去のある時点」です。

▼ 過去完了進行形が表わす時（過去完了形と比較して）

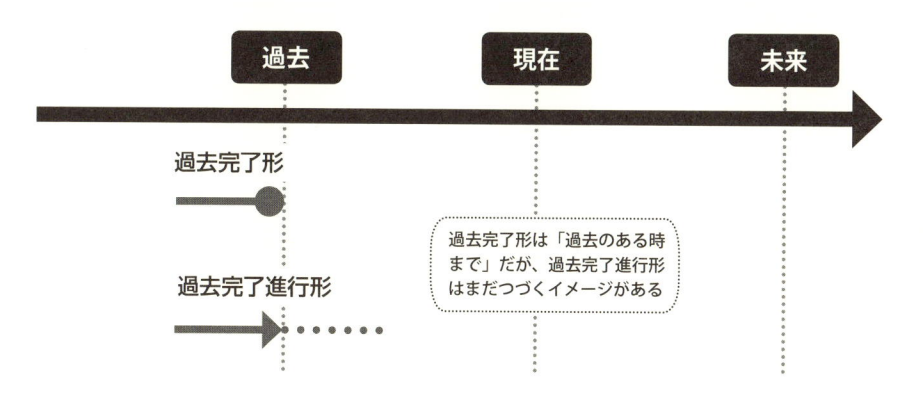

```
            過去            現在            未来
            │              │              │
─────────────────────────────────────────────→
            │              │              │
過去完了形   │              │              │
    ━━━━●   │              │              │
            │              │              │
過去完了進行形│  ┌────────────────────┐    │
    ━━━━▶・・│  │過去完了形は「過去のある時│    │
            │  │まで」だが、過去完了進行形│    │
            │  │はまだつづくイメージがある │    │
            │  └────────────────────┘    │
```

▼ 過去完了進行形が表現するもの

過去のある時点までつづいていた動作の継続：
「(過去のある時点まで) ずっと…しつづけていた」

🕐 過去のある時点までつづいていた動作の継続

　過去のある時点までずっと同じ動作がつづいていた時に使う表現です。過去完了形の継続の用法で動作動詞を使う場合、基本的にこの過去完了進行形を使います。しかし、現在完了進行形と同じく、あえて状態動詞を用いることも可能です（以下に、状態動詞 feel の例を挙げます）。

I *had been trying* for a long time to start a company.（長い間、会社を始めようと頑張っていた）

▼ 現在完了進行形

I*'ve been feeling* sick for two hours.（2時間ずっと気分が悪い）
　→今もまだ気分の悪い状態がつづいている。

▼ 過去完了進行形

I *had been feeling* sick for two hours before I ate lunch.（昼食を取るまで2時間ずっと気分が悪かった）
　→過去の基準となる時（昼食を取った時）まで、気分の悪い状態がつづいていた。

〈had been ...ing〉に before 〜 をつづけた「〜するまでずっと…しつづけていた」という言い回しは、日常会話でも使います。「過去完了進行形はよく **before** とセットで用いる」と覚えておいてもいいでしょう。ただしネイティブなら、次のように単純過去形でシンプルに表現するでしょう。

I *felt* sick for two hours before I ate lunch.（昼食を取るまで2時間、気分が悪かった）

「過去完了形と過去完了進行形はどう違うの？」と思う人もいるでしょう。次の問題で「違い」を実感してください。

問題　次の英文を、ニュアンスの違いを出して日本語にしてください。

1. I *had played* football for three hours when it started to rain.
2. I *had been playing* football for three hours before I ate dinner.

解答　1は過去完了形なので、過去のある時まで継続した動作を表わします。2の過去完了進行形も、過去のある時まで継続した動作を表わしますが、「ずっと…しつづけていた」と、ある行為をずっと継続しつづけたことを強調すると、うまくニュアンスが出せるでしょう。日本語に訳すと次のようになります。

1. 私は雨が降り出した時、3時間サッカーをしていた。
2. 私は夕食を食べるまで3時間ずっとサッカーをしつづけていた。

とはいえ2は、やはりネイティブならシンプルに I *played* football for three hours before I ate dinner. と単純過去形で表現するのが一般的です。あえて I *had been playing* ... を使うのは「ずっと…しつづけていた」と強調したい時になります。

ネイティブは言わなくてもわかることは省略してしまうことが多く、ここでもそうした傾向が出ています。ネイティブ・スピーカーは「言葉はシンプルにわかりやすく」と自然に考えます。ですから、どちらの言い方も文法的に正しいとしても、よりわかりやすい表現を使うのです。

問題 次の英文のうち、自然な英語になるのはどちらですか？

1. I *was living* in America for a long time.
2. I *had been living* in America for a long time.

解答 1は過去進行形、2は過去完了進行形です。「私は長い間アメリカに住んでいた」という日本語になると考えられますが（live は状態動詞ですが、このように進行形でも使われます）、1のように過去進行形（I was living ...）と for a long time という表現は一緒には使えません。「長い間ずっと…していた」と表現する場合、過去完了進行形を使いましょう。よって、正解は2です。

問題 次の英文を、ニュアンスの違いを出して日本語にしてください。

1. She *has been looking* at her screen for three hours without a break.
2. She *had been looking* at her screen for three hours without a break.

解答 1の文は現在完了進行形なので、「ずっと…しつづけている」と現在もつづく動作を表わします。一方、2の過去完了進行形は「ずっと…しつづけていた」と過去のある時点までつづいていた動作を表わします。1と2では、現在の状況が異なります。

1. 彼女は3時間、休みなくずっとパソコンの画面を見ている（今も見ている）。
2. 彼女は3時間、休みなくずっとパソコンの画面を見ていた（今は見ていない）。

未来完了進行形
FUTURE PERFECT PROGRESSIVE

　未来完了形と進行形を組み合わせた未来完了進行形〈**will have been ...ing**〉は、「（未来のある時点まで）ずっと…しつづけているだろう」という未来の行為の予想を表わします。ただし、かなり複雑な表現のため、ネイティブもそう日常的には使いません。

▼ 未来完了進行形が表わす時（未来完了形と比較して）

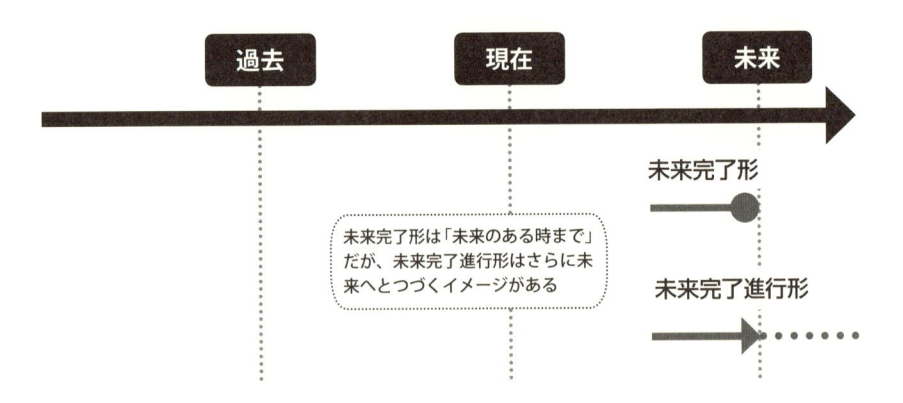

　　　　過去　　　　　　現在　　　　　　未来

未来完了形は「未来のある時まで」だが、未来完了進行形はさらに未来へとつづくイメージがある

未来完了形

未来完了進行形

▼ 未来完了進行形が表現するもの

未来のある時点までつづくと予想される動作の継続：
　「（未来のある時点まで）ずっと…しつづけているだろう」

⏰ 未来のある時点までつづくと予想される動作の継続

　未来完了進行形は、未来のある時点までずっと同じ動作がつづいていると予想される時に使う表現です。

▼ 未来完了形

I'll have lived in America for four years by the time I graduate from college.（大学を卒業するまでに、4年間アメリカに住んでいたことになるだろう）

▼ 未来完了進行形

I'll have been living in America for four years by the time I graduate from college.（大学を卒業するまでに、4年間アメリカに住んでいることになるだろう）

　この2つの文を比較すると、未来完了進行形の場合「さらに継続するイメージ」が感じられます。「大学を卒業してもまだアメリカに住みつづけるイメージ」があるのです。
　ただし、日常生活で「（未来のある時点まで）ずっと…しつづけているだろう」という表現は、そう使うものではありません。このような場合、ネイティブは一般的に未来完了形で次のように表現します。

I *will have lived* in America for four years when I graduate, so I'll probably feel like coming back to Japan by then.（大学を卒業すると4年間アメリカに住んでいることになるので、その頃にはたぶん日本に戻りたくなるだろう）

　未来完了進行形〈will have been ...ing〉は言い回し自体も長く、やや複雑な表現であるため、ネイティブもそう頻繁に使いませんが、このような言い回しもできることを覚えておきましょう。

🔍 **問題**　次の英文を、ニュアンスの違いを出して日本語にしてください。

1. We *had been playing* tennis for two hours by the time she got there.
2. We *will have been playing* tennis for two hours by the time she get there.

🔒 **解答**　1は過去完了進行形の文なので「（過去のある時点まで）ずっと…しつづけていた」となります。一方、2は未来完了進行形なので「（未来のある時点まで）ずっと…しつづけているだろう」という予想を表わします。ただし回りくどい表現になるため、ネイティブはまず使いません。これもやはり、We'll *play* tennis for two hours before she get there. としたほうが自然です。

1. 彼女がそこに着くまで、私たちは2時間テニスをしつづけていた。
2. 彼女がそこに着くまで、私たちは2時間テニスをしつづけているだろう。

🔍 **問題**　次の英文を、ニュアンスの違いを出して日本語にしてください。

1. On April 1, I *will have taught* English for five years.
2. On April 1, I *will have been teaching* English for five years.

🔒 **解答**　伝える内容に大差はありませんが、イメージが異なります。1の未来完了形では「5年間教えている」こと（経験）が、2の未来完了進行形は「5年間教えつづけている」こと（継続）が強調されます。さらに2は、「未来もまだ継続する可能性がある」イメージになることを覚えておきましょう。

1. 4月1日で、私は英語を5年間教えています。
2. 4月1日で、私は英語を5年間教えつづけていることになります。

＊＊＊＊＊＊＊＊＊＊＊＊＊＊＊＊＊＊

これでひととおり時制の説明は終わりました。一般的な文法書にある12の用法に分けて紹介しましたが、本番はこれからです。実際に英語の例文を読み比べて、各時制のニュアンスの違いを感じ取ってください！

CHAPTER 2

【2章】
動詞別時制の使い分け

UNDERSTANDING ENGLISH TENSE WITH VERBS

arrive
be
become
come
cost
do
feel
finish
forget
give
go
have
hope
leave
live
make
meet
play
start
stop
give up on

1章で時制の各用法のルールを学びました。ここでは代表的な21の動詞（うち1つは句動詞表現）を取り上げ、**時制の各用法によるニュアンスの違いを比較しました。**

　時制は文法的にルール化できるものの、動詞ごとに使い方は変わります。また同じ動詞でも用法により使える場合と使えない場合があるため、知識として覚えるより「感覚で覚える」ほうがいいでしょう。とにかく語学は、

Practice makes perfect.（習うより慣れろ）

です。では、日常よく使われると思える言い方を例にして、それをどの時制で表現するのが自然か、考えてみましょう。日本人英語学習者が間違えやすい表現を確認することで、ネイティブの時制感覚が身につくはずです。

2章の読み方

1. 各問題には1～6までの英文があります。それぞれの英文が英語として自然か、「記号の見方」を参考に「◎、○、?、??」の4種類に分けてください。

2. 「ネイティブはこう判断する」に正解と解説があります。自分の感覚や判断が正しいか考えながら読み進めてください。不自然な英語表現となる「?」や「??」の場合、判断に迷うと思われる英文のみに解説を付けました。

3. 「?」や「??」は、その不自然さを理解してもらうため、同じように「?」を付けて訳文を添えました。

＜記号の見方＞
◎　自然な英語で、決まり文句としてもよく使われる。
○　自然な英語だが、使われる状況が限られる。
?　英語としては正しいが、ネイティブは何か情報が欠けていると感じる。
??　不自然な英語表現で、ネイティブはまず使わない。

　※フレーズを使う頻度など、感覚的な判断もあるため「この正解が絶対！」ということではありません。しかし、多くのネイティブ・スピーカーは同意してくれると思います。参考にしていただければ幸いです。

　〈注〉短縮形と短縮しない形（I'll ... と I will ...、I've ... と I have ... など）のニュアンスは微妙に異なるため、各時制で取り上げたフレーズは、状況ごとにネイティブが多く使うと思われるほうを紹介しています。

1 | arrive （到着する）

乗り物の到着時間を知らせるアナウンスなど、日常生活でもよく耳にする動詞です。「到着する、届く、成功する」など、ある程度の時間をかけて目的にたどり着くことを表わします。時制の違いで、この時間のニュアンスはどのように変わるでしょうか？

Q1 （　）に「自然な英語で、決まり文句としてもよく使われる」と思われるものには◎を、「自然な英語だが、使われる状況が限られる」と思われるものには○を、「英語としては正しいが、ネイティブは何か情報が欠けていると感じる」と思われるものには？を、「不自然な英語表現で、ネイティブはまず使わない」と思われるものには？？を入れましょう。

(　) 1. Our train *arrived* at Shinjuku.
(　) 2. Our train *was arriving* at Shinjuku.
(　) 3. Our train *had arrived* at Shinjuku.
(　) 4. Our train *had been arriving* at Shinjuku.
(　) 5. Our train *has arrived* at Shinjuku.
(　) 6. Our train *has been arriving* at Shinjuku.

🔒 **ネイティブはこう判断する**

○ 1. Our train *arrived* at Shinjuku. ［単純過去形］
　　（私たちが乗った電車は、新宿駅に着いた）

「過去に終わったできごと」を表わす自然な英語です。**Our train *arrived* at Shinjuku at 5:30 p.m.**（私たちが乗った電車は、午後5時30分に新宿駅に着いた）と時間表現を加えれば、過去のどの時間であるかが明確です。［ちなみに主語の our train は、「私たちが乗った電車」と「私たちがこれから乗る電車」のどちらの意味にもなりますが、ここでは便宜上すべて「私たちが乗った電車」という設定で考えることにします。］

? 2. Our train *was arriving* at Shinjuku. ［過去進行形］
　　　　（？私たちが乗った電車は、新宿駅に着くところだった）

　「…するところだった」と過去のある時に進行している動作を表わしますが、この言い回しだけではあまり使いません。whenで始まる副詞表現を加えて、Our train *was arriving* at Shinjuku when it started raining.（私たちが乗った電車が新宿駅に着きつつあった時、雨が降り出した）とすれば、状況がわかりやすく自然な英語になります。

? 3. Our train *had arrived* at Shinjuku. ［過去完了形］
　　　　（？私たちが乗った電車は、新宿駅に着いていた）

　基準となる時を表わすbeforeで始まる副詞表現を加えて、Our train *had arrived* at Shinjuku before it started raining.（雨が降り出す前に、私たちが乗った電車は新宿駅に着いていた）とすれば、よりはっきりします。ただし回りくどい表現のため、ネイティブならシンプルにOur train *arrived* at Shinjuku before it started raining.（雨が降り出す前に、私たちが乗った電車は新宿駅に着いた）と単純過去形で言うでしょう。

? 4. Our train *had been arriving* at Shinjuku. ［過去完了進行形］
　　　　（？私たちが乗った電車は、新宿駅にずっと着きつづけていた）

　語句を補い、Our train *had been arriving* at Shinjuku at 5:30 p.m. every day, but then it started arriving at 5:40 p.m.（私たちが乗る電車は毎日午後5時30分に新宿駅に着いていたが、その後午後5時40分に着くようになった）とすれば、文法的には問題ありません。ただしネイティブなら、Our train *arrived* at Shinjuku at 5:30 p.m. every day, but then it started arriving at 5:40 p.m.（私たちが乗る電車は毎日午後5時30分に新宿駅に着いたが、その後午後5時40分に着くようになった）とシンプルに単純過去形で表現するでしょう。

○ 5. Our train *has arrived* at Shinjuku. ［現在完了形］
　　　　（私たちが乗った電車は、新宿駅にずっと着いている）

　電車がすでに到着し、今もその止まった状態のままであることを表現します。

ただし現在完了形の場合、**Our train *has arrived* at Shinjuku. We only have five minutes to get on it.**（私たちが乗る電車が新宿駅に着いている。乗るのにあと5分しかない［あと5分で出てしまう］）といった状況で使うのが一般的でしょう。

?? 6. **Our train *has been arriving* at Shinjuku.**［現在完了進行形］
（？私たちが乗った電車は、新宿駅へずっと到着しつづけている）

　不自然な英語です。語句を補い、**Our train *has been arriving* at Shinjuku at 5:30 p.m. every day, but now it's starting to arrive at 5:40 p.m.**（私たちが乗る電車は毎日午後5時30分に新宿駅へ到着しているが、今度は午後5時40分に着くようになる）などと表現することも可能ですが、回りくどい言い方になります。このような場合、ネイティブなら **Our train *used to arrive* at Shinjuku at 5:30 p.m. every day, but now it's starting to arrive at 5:40 p.m.**（私たちが乗る電車は毎日午後5時30分に新宿駅に着いていたが、今度は午後5時40分に着くようになる）とシンプルに習慣を表わす **used to ...** を使って表現するでしょう。

Q2　（　）に「自然な英語で、決まり文句としてもよく使われる」と思われるものには◎を、「自然な英語だが、使われる状況が限られる」と思われるものには〇を、「英語としては正しいが、ネイティブは何か情報が欠けていると感じる」と思われるものには？を、「不自然な英語表現で、ネイティブはまず使わない」と思われるものには??を入れましょう。

（　）1. Our train *arrives* at Shinjuku.
（　）2. Our train *is arriving* at Shinjuku.
（　）3. Our train *will arrive* at Shinjuku.
（　）4. Our train *will be arriving* at Shinjuku.
（　）5. Our train *will have arrived* at Shinjuku.
（　）6. Our train *will have been arriving* at Shinjuku.

🔒 **ネイティブはこう判断する**

○ 1. Our train *arrives* at Shinjuku.［単純現在形］
　　（私たちが乗った電車は、新宿駅に着く［着くだろう］）

　習慣的な行動と、確定した未来の予定の両方を表わします。現在時制を使う場合、習慣を表わすことのほうが多いのですが、状況でどちらの意味か判断しましょう。ただし未来を表現する場合、3のようにwill＋原形動詞の単純未来形を使うのが一般的です。

○ 2. Our train *is arriving* at Shinjuku.［現在進行形］
　　（私たちが乗った電車は、新宿駅に到着しようとしている）

　まさに今、電車が到着しようとしている臨場感あふれる動作を表わします。語句を補い、**Our train *is arriving* at Shinjuku, so we need to hurry and get off.**（私たちが乗った電車が新宿駅に着くから、急いで降りないと）とすれば、より状況がはっきりします。また、**Our train *is arriving* at Shinjuku at 3:10.**（私たちが乗った電車は、3時10分に新宿駅に着きます）のような具体的な到着時刻を示すことで、近い未来の予定も表現できます。

○ 3. Our train *will arrive* at Shinjuku.［単純未来形］
　　（私たちが乗った電車は、新宿駅に着くだろう）

　単純な未来の動作を表わします。**Our train *will arrive* at Shinjuku in five minutes.**（私たちが乗った電車は、あと5分で新宿駅に着くだろう）と **in five minutes**（5分で）のような語句を追加してもいいでしょう。

? 4. Our train *will be arriving* at Shinjuku.［未来進行形］
　　（？私たちが乗った電車は、新宿駅に着くだろう）

　未来のある時点で、進行していると思われる動作を表わします。この言い方は、電車が新宿駅に着くことがほぼ確定的な場合に使います。**Our train *will be arriving* at Shinjuku in a few minutes, so we need to hurry and get off.**（私たちが乗った電車は数分で新宿駅に着くだろうから、急いで降りないと）と語句を補って表現すれば自然な英語になりますが、やや回りくどい言い方です。さほど頻繁に使わないでしょう。

? 5. Our train *will have arrived* at Shinjuku. ［未来完了形］
（？私たちが乗った電車は、ずっと新宿駅に着いているだろう）

　未来の完了・結果を表わします。before で始まる副詞表現を付けて、Our train *will have arrived* at Shinjuku before George gets there.（ジョージが着く前に、私たちが乗った電車は新宿駅に着いているだろう）とすれば、文意が明確になります。この場合、基準となる時は「ジョージが新宿駅に着く時間」です。

?? 6. Our train *will have been arriving* at Shinjuku. ［未来完了進行形］
（？私たちが乗った電車は、新宿駅に着きつづけているだろう）

2 | be （…だ）

　動詞は大きく一般動詞と be 動詞に分けられますが、be 動詞はどのように使い分ければいいでしょうか？　人を表現する際の基本となる、A is B. の例文で考えてみましょう。am, is, was, are, were の be 動詞は単純過去形、過去進行形、単純現在形、現在進行形などの用法がしっくりくるようです。

🔍 Q3　（　）に「自然な英語で、決まり文句としてもよく使われる」と思われるものには◎を、「自然な英語だが、使われる状況が限られる」と思われるものには〇を、「英語としては正しいが、ネイティブは何か情報が欠けていると感じる」と思われるものには？を、「不自然な英語表現で、ネイティブはまず使わない」と思われるものには?? を入れましょう。

（　） 1. He *was* stingy.
（　） 2. He *was being* stingy.
（　） 3. He *had been* stingy.
（　） 4. He *had been being* stingy.

(　) 5. He *has been* stingy.

(　) 6. He *has been being* stingy.

🔒 ネイティブはこう判断する

◎　1.　He *was* stingy.［単純過去形］
　　　（彼はケチだった）

　過去にケチだったことを表わします。ただし現在もケチかどうかは、わかりません。

◎　2.　He *was being* stingy.［過去進行形］
　　　（彼はケチだった）

　過去のある程度の期間、継続する状態を表わします。短い期間に対して用いる場合が多く、He *was being* stingy at the party.（彼はそのパーティでケチだった）など限定的に使われます。

??　3.　He *had been* stingy.［過去完了形］
　　　（？彼はずっとケチだった）

?　4.　He *had been being* stingy.［過去完了進行形］
　　　（？彼はずっとケチでありつづけた）

　be 動詞の過去完了進行形（had been being ...）は、人に対してほぼネガティブなニュアンスで使われますが、ふつうの状況ではまず使われません。そのため He *had been being* helpful. なら、「彼はあえて［意図的に］人の役に立つようにしていた」と何か含みを感じさせる言い方になります。

?　5.　He *has been* stingy.［現在完了形］
　　　（？彼はずっとケチでいる）

　会話ではまず使いませんが、語句を補えば小説の回想シーンなどで使えるでしょう。He *has been* stingy for most of his life, but now he's changing.（彼はずっとケチだが、変わりつつある）とすれば、文意が明確になります。

?? 6. He *has been being* stingy.［現在完了進行形］
　　　（？彼はずっとケチでありつづけている）

🔍 Q4　（　）に「自然な英語で、決まり文句としてもよく使われる」と思われるものには◎を、「自然な英語だが、使われる状況が限られる」と思われるものには○を、「英語としては正しいが、ネイティブは何か情報が欠けていると感じる」と思われるものには？を、「不自然な英語表現で、ネイティブはまず使わない」と思われるものには？？を入れましょう。

(　) 1. He's stingy.
(　) 2. He's *being* stingy.
(　) 3. He *will be* stingy.
(　) 4. He *will be being* stingy.
(　) 5. He *will have been* stingy.
(　) 6. He *will have been being* stingy.

🔒 ネイティブはこう判断する

◎　1. He's stingy.［単純現在形］
　　　（彼はケチだ）

あえて「彼はそういう人（ケチな人）なんだ」と強調する言い方です。

◎　2. He's *being* stingy.［現在進行形］
　　　（彼はケチなんだ）

ある程度の期間、継続している状態を表わし、あえて強調しているニュアンスがあります。Why *are* you *being* so stingy?（どうしてそんなにケチなの？）などは、友だちにおもちゃを貸さない子供によく使う表現です。

？　3. He *will be* stingy.［単純未来形］
　　　（？彼はケチになるだろう）

推測を含んだ未来の表現ですが、使う状況はかなり限られます。会話など

で明日会う人のことを He *will be* stingy. と言えば、When you meet him tomorrow, you will think he's stingy.（明日彼に会ったら、ケチだと思うよ）と同じようなニュアンスになります。

?? 4. He *will be being* stingy.［未来進行形］
　　（？彼はケチでいるだろう）

?? 5. He *will have been* stingy.［未来完了形］
　　（？彼はずっとケチでいるだろう）

?? 6. He *will have been being* stingy.［未来完了進行形］
　　（？彼はずっとケチでありつづけるだろう）

3 ｜ become（…になる）

動詞 become はうしろに補語を取り、1語で「…になる」という状態の変化を表現します。change のような一瞬の変化ではなく、ある程度時間をかけた変化を表わすことがよくあります。中学校レベルの動詞ですが、やや特殊といえるかもしれません。

🔍 Q5　（　）に「自然な英語で、決まり文句としてもよく使われる」と思われるものには◎を、「自然な英語だが、使われる状況が限られる」と思われるものには○を、「英語としては正しいが、ネイティブは何か情報が欠けていると感じる」と思われるものには？を、「不自然な英語表現で、ネイティブはまず使わない」と思われるものには?? を入れましょう。

（　）1. He *became* a well-known doctor.

（　）2. He *was becoming* a well-known doctor.

（　）3. He *had become* a well-known doctor.

（　）4. He *had been becoming* a well-known doctor.

（　）5. He *has become* a well-known doctor.

（　）6. He *has been becoming* a well-known doctor.

🔒 **ネイティブはこう判断する**

◎ 1. He *became* a well-known doctor. ［単純過去形］
　　（彼は著名な医者になった）

　過去の状態を表わします。これだけでも OK ですが、副詞表現を補い、He *became* a well-known doctor in his 30s.（彼は 30 代で著名な医者になった）としてもいいでしょう。ただし、単純過去形ですからあくまで過去のある時点の話で、現在も著名かどうかはわかりません。

○ 2. He *was becoming* a well-known doctor. ［過去進行形］
　　（彼は著名な医者になりつつあった）

　過去のある時点で進行している動作や状況を表わします。He *was becoming* a well-known doctor when he decided to become a politician.（政治家になることを決めた時、彼は著名な医者になりつつあった）と when で始まる副詞表現を付け加えれば、より具体的になります。

? 3. He *had become* a well-known doctor. ［過去完了形］
　　（？彼は著名な医者になっていた）

　過去の完了・結果を表わしますが、これだけでは不十分です。基準となる時を表わす副詞表現を追加して、He *had become* a well-known doctor when I met him.（私が彼に会った時、彼は著名な医者になっていた）とすればより明確な文になります。

? 4. He *had been becoming* a well-known doctor. ［過去完了進行形］
　　（？彼は著名な医者にずっとなりつづけていた）

◎ 5. He *has become* a well-known doctor. ［現在完了形］
　　（彼は著名な医者になった［なっている］）

　完了・結果を表わします。現在も著名な医者なのであれば、単純過去形を使わないように！　「…になった」という日本語につられて単純過去形を使ってしまうと、1 のように過去を表わすのみになってしまい、「今は違う」ということになってしまいます。

?? 6. He *has been becoming* a well-known doctor.［現在完了進行形］
　　　（？彼はずっと著名な医者になりつづけている）

🔍 Q6　（　）に「自然な英語で、決まり文句としてもよく使われる」と思われるものには◎を、「自然な英語だが、使われる状況が限られる」と思われるものには〇を、「英語としては正しいが、ネイティブは何か情報が欠けていると感じる」と思われるものには？を、「不自然な英語表現で、ネイティブはまず使わない」と思われるものには??を入れましょう。

　　（　）1. He *becomes* a well-known doctor.
　　（　）2. He *is becoming* a well-known doctor.
　　（　）3. He *will become* a well-known doctor.
　　（　）4. He *will be becoming* a well-known doctor.
　　（　）5. He *will have become* a well-known doctor.
　　（　）6. He *will have been becoming* a well-known doctor.

🔒 ネイティブはこう判断する

?? 1. He *becomes* a well-known doctor.［単純現在形］
　　　（？［よく］彼は著名な医者になる）

〇 2. He *is becoming* a well-known doctor.［現在進行形］
　　　（彼は著名な医者になりつつある）

　現在進行形の is becoming ...（…になりつつある）は、活躍中の人などを紹介する際よく使われる表現です。1章で見た現在進行形の用法の「1．今まさに進行している状態」と「3．近い未来の予定」の両方を表わし、ほぼ確定的なニュアンスを含みます。語句を補い、He *is becoming* a well-known doctor in Europe.（彼はヨーロッパで著名な医者になりつつある）などと表現すれば完璧でしょう。

〇 3. He *will become* a well-known doctor.［単純未来形］
　　　（彼は著名な医者になるだろう）

このままでも OK ですが、I'm sure ... will become 〜（…は〜になるに違いない）のフレーズもぜひ覚えておいてください。ネイティブがよく使う言い回しで、I'm sure he *will become* a well-known doctor.（彼は著名な医者になるに違いない）と断定的なニュアンスを表わします。

?? 4. He *will be becoming* a well-known doctor.［未来進行形］
（？彼は著名な医者になりつづけるだろう）

? 5. He *will have become* a well-known doctor.［未来完了形］
（？彼は著名な医者になっているだろう）

未来の完了・結果を表わしますが、いま一つはっきりしません。by（…までに）を使って、He *will have become* a well-known doctor by the time he reaches 40.（40歳になるまでに、彼は著名な医者になっているだろう）とすれば、より明確になります。

?? 6. He *will have been becoming* a well-known doctor.［未来完了進行形］
（？彼は著名な医者にずっとなりつづけているだろう）

4 | come (来る)

基本動詞ですが、意外に使い分けはむずかしいかもしれません。たとえばここで紹介する例文のように、相手のところへ「行く」時、英語では相手を中心に考えて話すため、go ではなく come を使います。ネイティブ感覚が求められる動詞といえるでしょう。

Q7 ( )に「自然な英語で、決まり文句としてもよく使われる」と思われるものには◎を、「自然な英語だが、使われる状況が限られる」と思われるものには〇を、「英語としては正しいが、ネイティブは何か情報が欠けていると感じる」と思われるものには？を、「不自然な英語表現で、ネイティブはまず使わない」と思われるものには??を入れましょう。

( ) 1. I *came* from the train station.
( ) 2. I *was coming* from the train station.
( ) 3. I *had come* from the train station.
( ) 4. I *had been coming* from the train station.
( ) 5. I *have come* from the train station.
( ) 6. I've *been coming* from the train station.

ネイティブはこう判断する

◎ 1. I *came* from the train station. ［単純過去形］
　（駅から来た）

Where *did* you *come* **from?**（どこから来たの？）と聞かれ、「駅（のほう）から来ました」と答える時などによく使われます。
　「日本の出身です」のつもりで I *came* from Japan. と言う人がいますが、これでは「日本から来ました（日本を回ってきました）」という意味になってしまいます（正しくは、I'm from Japan. です）。
　ただし亡くなった人の話をして、He *came* from Japan. または He's from Japan. と言えば、「彼は日本の出身です」と取ることも可能です。「日本生まれ」を強調するなら、He *was* born in Japan. と言えば誤解されないでしょう。

◎ 2. I *was coming* from the train station.［過去進行形］
　　（駅から向かうところだった）

What were you doing when it started to rain?（雨が降り出した時、何をしていた？）と聞かれたら、こう答えるのが自然です。when 以下の副詞表現を付け足して、I *was coming* from the train station when it started to rain.（雨が降り出した時、私は駅から向かうところだった）とすると、より明確に表現できます。

? 3. I *had come* from the train station.［過去完了形］
　　（? 駅からずっと向かっていた）

不明瞭な文です。使うとしたら、かなり昔の話をする場合でしょう。I *had come* from the train station, so I didn't see the accident.（私は駅から向かっていたから、その事故は見なかった）と語句を補えば、自然な英語になります。

?? 4. I *had been coming* from the train station.［過去完了進行形］
　　（? 駅からずっと向かいつづけていた）

?? 5. I *have come* from the train station.［現在完了形］
　　（? 駅から向かっている）

?? 6. I*'ve been coming* from the train station.［現在完了進行形］
　　（? 駅から向かいつづけている）

Q8　（　）に「自然な英語で、決まり文句としてもよく使われる」と思われるものには◎を、「自然な英語だが、使われる状況が限られる」と思われるものには〇を、「英語としては正しいが、ネイティブは何か情報が欠けていると感じる」と思われるものには？を、「不自然な英語表現で、ネイティブはまず使わない」と思われるものには ?? を入れましょう。

　　（　）1. I *come* from the train station.
　　（　）2. I'*m coming* from the train station.

(　) 3. I'll come from the train station.
(　) 4. I will be coming from the train station.
(　) 5. I will have come from the train station.
(　) 6. I will have been coming from the train station.

🔒 ネイティブはこう判断する

? 1. I come from the train station. ［単純現在形］
　（？駅から向かう）

◎ 2. I'm coming from the train station. ［現在進行形］
　（今、駅から向かっているところだ）

　駅から目的地に向かって、移動している最中に使います。**Where are you now?**（今どこにいるの？）などと携帯電話で聞かれた時には、このような返事になるでしょう。

◎ 3. I'll come from the train station. ［単純未来形］
　（駅から向かうよ）

　Where will you come from?（どこから来るの？）と聞かれたら、こんなフレーズで答えるでしょう。とっさに「…するよ」と答えるなら **I'll ...** を、「(絶対に)…します」と意志を明確にするなら **I will ...** を使います。［※そのことがわかるように、**I will ...** で始まる例文の日本語訳には基本的に「私は…」を頭に付けていますが、**I'll ...** で始まるものにはそれを付けていません（27ページも参照）。**I have ...** と **I've** の違いについては、112ページをご覧ください。］

○ 4. I will be coming from the train station. ［未来進行形］
　（私は駅から向かうつもりだ）

　単純未来形と同様に、**Where will you come from?** と予定を聞かれ、「私は駅からそこへ向かうつもりです（駅から行くことになっています）」と返事をするような時に使うでしょう。**I'll be coming ...** なら「駅から向かうつもりだよ」くらいのニュアンスになります。

? 5. I *will have come* from the train station.［未来完了形］
　　（？私は駅からずっと向かっているだろう）

　I *will have come* from the train station, so I'll be tired.（私は駅から向かっているでしょうから、疲れるでしょう）とすれば通じますが、回りくどい表現のため実際に使うことはまずありません。ネイティブならシンプルに、I *will be coming* from the train station, so I'll be tired.（私は駅から向かうつもりなので、疲れるでしょう）と表現するでしょう。

?? 6. I *will have been coming* from the train station.［未来完了進行形］
　　（？私は駅から向かいつづけているだろう）

5 ｜ cost（［…の金額が］かかる）

過去・過去分詞が同じ不規則動詞で、他動詞であるものの受身形にはできないちょっと特殊な動詞です。It costs ... to ～で「～するのに…かかる」という意味になるので、ここでは It を主語にした時制の使い分けに挑戦しましょう。

Q9　（　）に「自然な英語で、決まり文句としてもよく使われる」と思われるものには◎を、「自然な英語だが、使われる状況が限られる」と思われるものには○を、「英語としては正しいが、ネイティブは何か情報が欠けていると感じる」と思われるものには？を、「不自然な英語表現で、ネイティブはまず使わない」と思われるものには ?? を入れましょう。

（　）1. It *cost* me 30 dollars to go to the event.
（　）2. It *was costing* me 30 dollars to go to the event.
（　）3. It *had cost* me 30 dollars to go to the event.
（　）4. It *had been costing* me 30 dollars to go to the event.
（　）5. It *has cost* me 30 dollars to go to the event.
（　）6. It *has been costing* me 30 dollars to go to the event.

ネイティブはこう判断する

◎ 1. It *cost* me 30 dollars to go to the event. ［単純過去形］
(そのイベントに行くのに30ドルかかった)

過去にあったできごとを述べる自然な英語です。念のために言うと、**costs** なら現在形ですが、**cost** だから過去形です！

○ 2. It *was costing* me 30 dollars to go to the event. ［過去進行形］
(そのイベントに行くのに30ドルかかるところだった)

英語として問題ありませんが、このような言い方をするのであれば、「そこで…した」と、その後状況が変わったことを説明する文をふつうはつづけます。
... , that's why I decided to stop going.（だから私は行くのを止めることにした）や ..., but then I got some free tickets.（しかしその後無料のチケットを手に入れた）といった文をつづけるといいでしょう。

?? 3. It *had cost* me 30 dollars to go to the event. ［過去完了形］
(？そのイベントに行くのにずっと30ドルかかっていた)

? 4. It *had been costing* me 30 dollars to go to the event. ［過去完了進行形］
(？そのイベントに行くのにずっと30ドルかかりつづけていた)

このままでは状況がわかりにくいですが、It *had been costing* me 30 dollars to go to the event, but then I got a one-year free pass.（そのイベントへ行くのにずっと30ドルかかっていたが、その後1年のフリーパスを手に入れた）などと語句を補えば、状況が変わった場合にも使えます。ただしこの場合も、It *used to cost* me 30 dollars to go to the event, but now it's free.（そのイベントに行くのに30ドルかかっていたが、今は無料だ）と **used to ...** で表現することが多いでしょう。

? 5. It *has cost* me 30 dollars to go to the event. ［現在完了形］
(？そのイベントに行くのに30ドルかかっている)

不自然な英語です。本来 ... *has cost* me ... は何か重大な話をする時に使うフレーズです。This job *has cost* me 30 years of my life.（私はこの仕事に

人生の30年をかけている）といった内容であれば問題ありませんが、この文だとネイティブは違和感を覚えます。

?? 6. It *has been costing* me 30 dollars to go to the event. ［現在完了進行形］
（？そのイベントに行くのにずっと30ドルかかりつづけている）

🔍 Q10　（　）に「自然な英語で、決まり文句としてもよく使われる」と思われるものには◎を、「自然な英語だが、使われる状況が限られる」と思われるものには○を、「英語としては正しいが、ネイティブは何か情報が欠けていると感じる」と思われるものには？を、「不自然な英語表現で、ネイティブはまず使わない」と思われるものには??を入れましょう。

（　）1. It *costs* me 30 dollars to go to the event.
（　）2. It's *costing* me 30 dollars to go to the event.
（　）3. It *will cost* me 30 dollars to go to the event.
（　）4. It *will be costing* me 30 dollars to go to the event.
（　）5. It *will have cost* me 30 dollars to go to the event.
（　）6. It *will have been costing* me 30 dollars to go to the event.

🔒 ネイティブはこう判断する

○ **1. It *costs* me 30 dollars to go to the event.** ［単純現在形］
（そのイベントに行くのに30ドルかかる）

単純現在形なので、習慣的にそのイベントに通っているイメージになります。よく使うというわけではありませんが、自然な英語です。

◎ **2. It's *costing* me 30 dollars to go to the event.** ［現在進行形］
（そのイベントに行くのに30ドルかかっている）

単純現在形と同じような意味合いですが、現在進行形のほうが話し手の心情がよりリアルに伝わります。単純現在形は習慣的な意味合いが強いのに対し、現在進行形だと「お金がかかって（大変だ）」という主観的なニュアンスも含まれるのがポイントです。

◎ 3. It *will cost* me 30 dollars to go to the event. ［単純未来形］
   （そのイベントに行くのに 30 ドルかかるだろう）

未来の予定・予想を伝える自然な英語です。It'*ll cost* me ... ではなく It *will cost* me ... なので、「30 ドルかかる」とその額が強調されます。

?? 4. It *will be costing* me 30 dollars to go to the event. ［未来進行形］
   （？そのイベントに行くのに 30 ドルかかっているだろう）

?? 5. It *will have cost* me 30 dollars to go to the event. ［未来完了形］
   （？そのイベントに行くのに 30 ドルかかっているだろう）

?? 6. It *will have been costing* me 30 dollars to go to the event. ［未来完了進行形］
   （？そのイベントへ行くのに 30 ドルかかりつづけているだろう）

6 ｜ do ([…を] する)

do は慣用表現でよく用いられる動詞です。たとえ同じ語句でも、時制が異なるだけで意味がまったく変わってしまうことがあります。さまざまな時制で使える「使い勝手のいい動詞」ではありますが、ニュアンスの違いに注意が必要です。

🔍 Q11 （　）に「自然な英語で、決まり文句としてもよく使われる」と思われるものには◎を、「自然な英語だが、使われる状況が限られる」と思われるものには○を、「英語としては正しいが、ネイティブは何か情報が欠けていると感じる」と思われるものには？を、「不自然な英語表現で、ネイティブはまず使わない」と思われるものには ?? を入れましょう。

（　）1. We *did* it.
（　）2. We *were doing* it.

( ) 3. We *had done* it.
( ) 4. We *had been doing* it.
( ) 5. We'*ve done* it.
( ) 6. We'*ve been doing* it.

🔒 ネイティブはこう判断する

◎ 1. We *did* it. [単純過去形]
　　（やった！／やっちゃった）

　この言い方は状況によって意味が変わります（3の過去完了形の意味も参照してください）。試合で勝ったような時は、「やった！」とポジティブな意味で使えます。一方、何か悪いことをしでかした時は「やっちゃった」といった意味になります。また、You *did* it. なら、相手を褒める「やったね！」と、相手を責める「おまえのせいだ！」の両方の意味に解釈できるので、注意しましょう。

○ 2. We *were doing* it. [過去進行形]
　　（私たちはそれをしているところだった）

　「それをしているところだった（のに…）」と、少しうんざりしたような意味合いで使われるでしょう。A: Why aren't you guys fixing the computer?（どうしてコンピュータを修理しないの？）B: We *were doing* it before you interrupted us.（きみが邪魔する前にしていたんだよ）といったやり取りなら自然です。

? 3. We *had done* it. [過去完了形]
　　（？私たちはずっとそれをしていた）

　日常生活でそう頻繁に使うフレーズではありません。使うとしたら、We *had done* it before, so it wasn't very difficult.（前にしたことがあるので、あまりむずかしくなかった）のような発言の一部としてでしょう。

? 4. We *had been doing* it. [過去完了進行形]
　　（？私たちはずっとそれをしつづけていた）

使うとしたら、ある程度限られた状況になるでしょう。ネイティブなら「ずっと…していたから…だ」という意味合いで使うことが多いでしょう。We *had been doing* it the wrong way, so we didn't make much progress.（ずっと間違った方法でしていたので、あまり進めなかったんだ）や、We *had been doing* it for a long time, so it wasn't very difficult.（長い間ずっとそれをしていたので、あまりむずかしくなかった）といった言い方で用いられることが多いでしょう。

○ 5. We've *done* it.［現在完了形］
　　（ついにやったぞ！／ついにやってしまった）

We *did* it. と同じように、ポジティブな意味でもネガティブな意味でも使えます。過去の終わったことを言うなら単純過去形を、過去のある時点から現在までつづいたことを言うならこの現在完了形を使います。

◎ 6. We've *been doing* it.［現在完了進行形］
　　（私たちはずっとそれをしつづけていた）

ネイティブなら、We've *been doing* it all wrong.（今までそれをずっと間違えていた［正しくないやり方でしていた］）や We've *been doing* it all morning, but we haven't made any progress.（午前中ずっとそれをしていたが、まったく進まなかった）のようなフレーズで使います。「ようやく今、何かに気づいた」というニュアンスが含まれることに注意しましょう。

Q12 　(　) に「自然な英語で、決まり文句としてもよく使われる」と思われるものには◎を、「自然な英語だが、使われる状況が限られる」と思われるものには○を、「英語としては正しいが、ネイティブは何か情報が欠けていると感じる」と思われるものには？を、「不自然な英語表現で、ネイティブはまず使わない」と思われるものには？？を入れましょう。

　(　) 1. We *do* it.
　(　) 2. We're *doing* it.
　(　) 3. We'll *do* it.

(　　) 4. We'll be doing it.
(　　) 5. We'll have done it.
(　　) 6. We'll have been doing it.

🔒 ネイティブはこう判断する

○ **1. We do it.** ［単純現在形］
　　（私たちがいつもそれをしている）

　自然な英語ですが、使う状況は限定的かもしれません。A: Who makes the budget?（誰が予算を決めてるの？）B: We do it.（私たちだよ［いつも私たちが予算を決めている］）のように、習慣的なニュアンスが含まれます。

◎ **2. We're doing it.** ［現在進行形］
　　（私たちが今それをしている）

　人からこう言われたら、We're doing it, so don't bother us.（私たちが今それをしているから、邪魔しないで）といったニュアンスが含まれている可能性もあります。「まさに今している最中だ」ということをアピールする時、このような現在進行形を使います。

◎ **3. We'll do it.** ［単純未来形］
　　（私たちがそれをするよ）

　相手を安心させるフレーズです。「大丈夫、（このあとに）しますから」というメッセージが含まれます。

○ **4. We'll be doing it.** ［未来進行形］
　　（私たちはそれをしているだろう）

　自然な英語ですが、使う状況は限られます。 A: When are you going to paint the office?（いつオフィスを塗装するつもり？）B: We'll be doing it when you get here on Monday.（月曜日きみがここに来た時にはしているよ）や、A: When are you going to finish painting your house?（いつ家を塗り終える予定？）B: I'll still be doing it when I'm an old man.（年をとってもまだ

101

しているだろうな）のように、時間がかかることを強調したい時に使います。

？　5.　We'll *have done* it.［未来完了形］

（？私たちはそれをしたことになるよ）

「もし…したら、…したことになるだろう（…したことになるよ）」のフレーズで、語句を補えば、さまざまな応用表現で使えます。**If you don't get started by the end of the day, you'*ll have done* nothing.**（今日が終わるまでに何も始めなかったら、きみは何もしていないことになるよ）や、**If we finish this job, we *will have done* something we're both proud of.**（この仕事をやり終えたら、私たち2人が誇れる何かをしたことになるだろう）のように、未来を推測する時に使えます。

？　6.　We'll *have been doing* it.［未来完了進行形］

（？私たちはそれをずっとしていることになるよ）

　自然な英語ですが、実際にはあまり使いません。**If we do it for two more weeks, we'*ll have been doing* it for three years.**（あと2週間それをすると、3年間していることになるよ）と表現することは可能ですが、ネイティブなら **It'*ll be* our third year in two more weeks.**（あと2週間で3年目になるよ）と言うでしょう。

7 | feel（感じる）

感覚動詞の代表として、feel に挑戦しましょう。気分や体調の良し悪し、触感などさまざまな感覚を表現するのに用いる日常的な動詞ですが、実は一筋縄ではいきません。かなりのくせものです！

Q13 （　）に「自然な英語で、決まり文句としてもよく使われる」と思われるものには◎を、「自然な英語だが、使われる状況が限られる」と思われるものには○を、「英語としては正しいが、ネイティブは何か情報が欠けていると感じる」と思われるものには？を、「不自然な英語表現で、ネイティブはまず使わない」と思われるものには？？を入れましょう。

（　） 1. I *felt* comfortable.
（　） 2. I *was feeling* comfortable.
（　） 3. I *had felt* comfortable.
（　） 4. I *had been feeling* comfortable.
（　） 5. I*'ve felt* comfortable.
（　） 6. I*'ve been feeling* comfortable.

ネイティブはこう判断する

◎ 1. I *felt* comfortable. ［単純過去形］
（気分がよかった）

あえて単純過去形で表現すると、ネイティブは「過去に終わったことだから、今はそう感じないのだろう」と考えます。そのためこのフレーズは、「過去のその時は気分がよかったが、今はそうではない」というニュアンスになります。I *felt* uncomfortable when she was in the room, but now I know she's a kind person.（彼女が部屋にいる時、居心地が悪かったが、今では彼女が優しい人だとわかっている）という文なら、そのニュアンスがつかめるはず。I *used to feel* ... と、ほぼ同じ意味で使うことも可能です。

○ 2. I *was feeling* comfortable. ［過去進行形］
(気分よく感じているところだった)

語句を補って、I *was feeling* comfortable when she came.（彼女が来た時、気分よく感じているところだった）と言えなくもないですが、I *was (feeling)* comfortable until she came.（彼女が来るまで気分よく感じていた）と表現するとより自然です。

? 3. I *had felt* comfortable. ［過去完了形］
(?ずっと気分がよかった)

この文だけでは状況が曖昧です。before を用いた副詞表現を付け足して、I *had felt* comfortable before she came.（彼女が来るまで私はずっと気分がよかった）などと表現すれば自然な英語になります。

? 4. I *had been feeling* comfortable. ［過去完了進行形］
(?ずっと気分よく感じつづけていた)

before を用いた副詞表現を付け足して、I *had been feeling* comfortable for two hours before she came.（彼女が来るまで2時間ずっと気分よく感じつづけていた）とすれば、英語として自然になります。ただし、多くのネイティブは、シンプルに I *was (feeling)* comfortable until she came.（彼女が来るまで気分がよかった）と表現するでしょう。

? 5. I've *felt* comfortable. ［現在完了形］
(?ずっと気分よく感じている)

このままでは曖昧です。ネイティブからすると、これは一度だけ気分がよかったのか、それとも常に気分がいいのか、判断がつきません。このような場合、I've only *felt* comfortable living here one day.（1日ここに住んでみて、ただ快適さのみを感じた）や、I've always *felt* comfortable living here.（ここに住んでいつも快適だ）のように、副詞表現を添えれば文意が明確になります。

○ 6. I've *been feeling* comfortable. ［現在完了進行形］
(ずっと気分よく感じつづけている)

このままだと状況がわかりにくいので、I've been feeling comfortable for two hours.（私は２時間ずっと気分よく感じていた）のように語句を加えれば自然な英語になります。ただし、これもネイティブなら、シンプルに単純過去形［過去進行形］で I was (feeling) comfortable for two hours. と表現するでしょう。

Q14 　（　）に「自然な英語で、決まり文句としてもよく使われる」と思われるものには◎を、「自然な英語だが、使われる状況が限られる」と思われるものには〇を、「英語としては正しいが、ネイティブは何か情報が欠けていると感じる」と思われるものには？を、「不自然な英語表現で、ネイティブはまず使わない」と思われるものには？？を入れましょう。

　　（　）1. I *feel* comfortable.
　　（　）2. I'*m feeling* comfortable.
　　（　）3. I'*ll feel* comfortable.
　　（　）4. I'*ll be feeling* comfortable.
　　（　）5. I *will have felt* comfortable.
　　（　）6. I *will have been feeling* comfortable.

　🔒 **ネイティブはこう判断する**

◎　1. I *feel* comfortable.［単純現在形］
　　（気分がいい）

　自然な英語で、以下の２つの意味になります。A: How do you feel when she's around?（彼女がそばにいるとどう？）B: I feel comfortable.（落ち着くよ）というやり取りの場合、習慣というより「今の状態」を表わします。一方、I feel comfortable when she's in the room.（彼女が部屋にいると落ち着く）なら、「習慣」になります。

〇　2. I'*m feeling* comfortable.［現在進行形］
　　（今は気分がいい）

I'm feeling comfortable.（今、気分よく感じている）は、**I** *feel* comfortable.（気分がいい）とほぼ同じニュアンスです。ただ、現在進行形で表現すると、それまで気分がよくなかったが、今は気分がいいことがほのめかされます。そうであれば、ネイティブなら *I'm feeling* comfortable now.（今は気分がいい）と now を付けてはっきり表現するでしょう。

? 　3.　I'*ll feel* comfortable.［単純未来形］
　　　（？気分よく感じるだろうな）

　このままでは曖昧です。ただしこの場合、ネイティブなら決まり文句と言える (I know) I'*m going to feel* ...（…と感じるだろうな）を使って表現します。(I know) I'*m going to feel* comfortable when she comes tomorrow.（明日彼女が来たら気が楽になるだろう）とすれば、非常に自然な言い方になります。

? 　4.　I'*ll be feeling* comfortable.［未来進行形］
　　　（？気分よく感じているだろうな）

　when で始まる副詞表現を補い、I'*ll be feeling* comfortable tomorrow when she gets here.（彼女がここに着いたら、明日は落ち着くだろうな）とすれば英語として問題ありませんが、回りくどい感じがします。「何か気にしていることが（未来に）解決したら…」という状況なら、違和感なく使えるでしょう。未来を予想して、I'*m going to be feeling* comfortable tomorrow.（明日は気が楽になるだろう）とすれば、より自然な英語になります。

?? 　5.　I *will have felt* comfortable.［未来完了形］
　　　（？ずっと気分よく感じているだろう）

?? 　6.　I *will have been feeling* comfortable.［未来完了進行形］
　　　（？ずっと気分よく感じつづけているだろう）

8 | finish （…を終える）

日本人がよく迷うのが、この finish の時制の使い分けです。教科書の例文でよく I *finished* my homework. と I've *finished* my homework. がありますが、この2つの違いはわかりますか？　それも含めて、finish の自然な時制の用法を考えてみましょう。

Q15　（　）に「自然な英語で、決まり文句としてもよく使われる」と思われるものには◎を、「自然な英語だが、使われる状況が限られる」と思われるものには○を、「英語としては正しいが、ネイティブは何か情報が欠けていると感じる」と思われるものには？を、「不自然な英語表現で、ネイティブはまず使わない」と思われるものには??を入れましょう。

(　) 1. I *didn't finish* the projects.
(　) 2. I *wasn't finishing* the projects.
(　) 3. I *hadn't finished* the projects.
(　) 4. I *hadn't been finishing* the projects.
(　) 5. I *haven't finished* the projects.
(　) 6. I *haven't been finishing* the projects.

🔒 ネイティブはこう判断する

◎ 1. I *didn't finish* the projects. ［単純過去形］
　　（私はそのプロジェクトを完成させなかった）

　単純過去形は、「すでに終わったこと」を意味することに注意しましょう。そのため、この言い方だと、「そのプロジェクトは完成しなかった、そしてこれからもするつもりがない」という突き放した感じになります。

○ 2. I *wasn't finishing* the projects. ［過去進行形］
　　（私はそのプロジェクトをまさに完成させていなかった）

　そもそも finish という動詞は進行形にできないと思い込んでいる人がいます

が、そんなことはありません。現在進行形のさまざまな用法で使えます。語句を補って、I *wasn't finishing* the projects on time.(時間どおりにそのプロジェクトを終えていなかった) と文意を明確にすれば、自然な英語になります。

○ 3. I *hadn't finished* the projects. [過去完了形]
(私はそのプロジェクトを完成させていなかった)

「今は手がけていないが、過去のある時点まで継続していたプロジェクトがある（またそれを再開する可能性がある）」というニュアンスです。before で始まる副詞表現を付け足して、I *hadn't finished* the projects before I got fired.（クビになるまでそのプロジェクトを完成させていなかった）とすれば、よりはっきりした言い方になります。

? 4. I *hadn't been finishing* the projects. [過去完了進行形]
(？私はそのプロジェクトをずっと完成させつづけていなかった)

不自然な英語です。ただし語句を補い、I *hadn't been finishing* the projects, so I got fired.（そのプロジェクトをずっと完成させていなかったために、クビになった）とすれば、英語として通じるでしょう。このように表現する場合、最近のことではなく、過去を回顧するニュアンスになります。

◎ 5. I *haven't finished* the projects. [現在完了形]
(私はそのプロジェクトを完成させていない)

I've *not finished* the projects. は古い英語に聞こえるため、最近は I haven't ... を使うのが一般的です。文末に yet を付けて、I *haven't finished* the projects yet. I need two more days.（私はまだそのプロジェクトを終えていない。あと2日必要だ）とすれば、より自然な英語になります。

? 6. I *haven't been finishing* the projects. [現在完了進行形]
(？私はずっとそのプロジェクトを完成させていない)

英語として自然ですが、そう頻繁に使うフレーズではありません。自分がクビになった理由を言っているようなニュアンスになるでしょう。

Q16 （　）に「自然な英語で、決まり文句としてもよく使われる」と思われるものには◎を、「自然な英語だが、使われる状況が限られる」と思われるものには〇を、「英語としては正しいが、ネイティブは何か情報が欠けていると感じる」と思われるものには？を、「不自然な英語表現で、ネイティブはまず使わない」と思われるものには??を入れましょう。

（　）1. I *don't finish* the projects.
（　）2. I'*m not finishing* the projects.
（　）3. I *won't finish* the projects.
（　）4. I'*ll not be finishing* the projects.
（　）5. I *won't have finished* the projects.
（　）6. I *won't have been finishing* the projects.

🔒 ネイティブはこう判断する

? 1. I *don't finish* the projects. ［単純現在形］
　　（？私はそのプロジェクトを完成させない）

このままでは意味がはっきりしませんが、語句を補えば自然な言い方になります。I *don't finish* the projects on time, so that's why I'm probably going to be fired.（時間どおりにプロジェクトを完成させないから、おそらく私はクビになるだろう）なら「私がいつも時間どおりにプロジェクトを完成させない」という「習慣」を、I *don't finish* the projects. Someone else does that part of the job.（私がそのプロジェクトを完成させるわけではない。誰かほかの人がその部分の仕事をする）なら「私はプロジェクトを完成させない」という「事実」が表現されます。

? 2. I'*m not finishing* the projects. ［現在進行形］
　　（？私は今そのプロジェクトを完成させてはいない）

今、進行している動作にも、近い未来の予定にも取れますが、いずれにせよ語句を補う必要があります。I'*m not finishing* the projects on time, that's why I'm probably going to be fired.（時間どおりにプロジェクトを完成させていないので、おそらく私はクビになるだろう）と文意を明確にすれば、自然

109

な英語になります。**You're not finishing ...** とすれば、「（まだ）…を終わらせていないぞ」と相手に注意するフレーズになります。

○ 3. I *won't finish* the projects.［単純未来形］
（私はそのプロジェクトを完成できないな）

このままでは情報的に不十分な印象を受けますが、I *won't finish* the projects on time unless I receive the necessary information.（必要な情報を受け取らなければ、予定どおりにそのプロジェクトは完成できないな）とすれば、自然な言い方になります。短縮形を使わず I *will not ...* と表現すると、意志が強調され、「絶対…しないからね」と断言しているように聞こえます。ちなみに I *will not ...* の短縮形は I'*ll not ...* と I *won't ...* の2種類ありますが、ニュアンスが異なります。I'*ll not ...* は I'*ll ...* と同じくその場で思いついた発言になりますが、I *won't ...* は I *will not ...* に近く「…しないよ」と意志が強調されます。日本語ではその違いを表現しにくいのですが、ネイティブは無意識に使い分けています（27, 94 ページも参照）。

?? 4. I'*ll not be finishing* the projects.［未来進行形］
（？私はそのプロジェクトを完成させないだろう）

? 5. I *won't have finished* the projects.［未来完了形］
（？私はそのプロジェクトを完成させないだろう）

不自然な英語です。by で始まる副詞表現を追加して、I *won't have finished* the projects by the time you get here.（きみがここへ着くまでに、私はそのプロジェクトを完成させてはいないだろう）と表現できますが、これもシンプルに I *won't finish ...* と表現するほうが自然です。

?? 6. I *won't have been finishing* the projects.［未来完了進行形］
（？私はそのプロジェクトを完成させつづけてはいないだろう）

9 | forget （忘れる）

forget（忘れる）はそもそも動作動詞でしょうか、状態動詞でしょうか？　また「忘れた」は単純過去形で表現するのが一般的でしょうか、それとも現在完了形を用いるのがいいでしょうか？　ふだん何気なく使っていても、時制で使い分けるのはむずかしい動詞です。

Q17　（　）に「自然な英語で、決まり文句としてもよく使われる」と思われるものには◎を、「自然な英語だが、使われる状況が限られる」と思われるものには○を、「英語としては正しいが、ネイティブは何か情報が欠けていると感じる」と思われるものには？を、「不自然な英語表現で、ネイティブはまず使わない」と思われるものには??を入れましょう。

　　（　）1. I *forgot* about that.
　　（　）2. I *was forgetting* about that.
　　（　）3. I *had forgotten* about that.
　　（　）4. I *had been forgetting* about that.
　　（　）5. I've *forgotten* about that.
　　（　）6. I've *been forgetting* about that.

🔒 ネイティブはこう判断する

◎　1. I *forgot* about that. ［単純過去形］
　　（そのことを忘れていた）

　Oh, sorry! I *forgot* about that!（あ、ごめん！　そのことを忘れてた！）など何かを忘れていることに気づいた時、使う表現です。過去に終わったこととして、完全に忘れていたイメージです。

？　2. I *was forgetting* about that. ［過去進行形］
　　（？そのことを忘れているところだった）

　このままでは不自然ですが、状況によっては使える場合もあります。相手が嫌なことを思い出させたのに対し、I *was forgetting* about that (until you reminded me). と言えば、「(きみが思い出させるまで) そのことは忘れていた」となり、英語として通じます。

○ 3. I *had forgotten* about that. ［過去完了形］
　　　(そのことをすっかり忘れていた)

　過去のことを話す時に使うでしょう。A: Why didn't you come to my party last year?（どうして去年、私のパーティに来なかったの？）B: Oh! I *had forgotten* about that.（ああ！ そのことをすっかり忘れていた）と表現できます。完了形を使うことで「すっかり」というニュアンスが含まれます。ただし、Oh! I *forgot* about that.（ああ！ そのことを忘れていた）と単純過去形で表わすほうが一般的です。

? 4. I *had been forgetting* about that. ［過去完了進行形］
　　　(？そのことをすっかり忘れつづけていた)

◎ 5. I've *forgotten* about that. ［現在完了形］
　　　(そのことをすっかり忘れていた)

　過去のことを今まですっかり忘れていた時に使う決まり文句です。短時間ではなく「ある程度の時間、忘れていた」というニュアンスになります。ちなみに、I have ... と I've ... の2通りの言い方がありますが、I have ... だと「私は（ずっと）…していたんだ」と完了形であることを強調する、ややもったいぶった言い方になり、短縮形の I've ... なら「私は…していた」くらいのカジュアルな表現になります。状況によって、使い分けるといいでしょう。［※そのことがわかるように、I have ... で始まる例文の日本語訳には基本的に「私は…」を頭に付けていますが、I've ... で始まるものにはそれを付けていません。I will ... と I'll ... の違いについては、94ページをご覧ください。］

? 6. I've *been forgetting* about that. ［現在完了進行形］
　　　(？そのことをすっかり忘れている)

　この言い方で使うことはまずないと思いますが、I've *been forgetting* things lately.（最近忘れっぽい）なら自然な英語になります。

Q18 （　）に「自然な英語で、決まり文句としてもよく使われる」と思われるものには◎を、「自然な英語だが、使われる状況が限られる」と思われるものには〇を、「英語としては正しいが、ネイティブは何か情報が欠けていると感じる」と思われるものには？を、「不自然な英語表現で、ネイティブはまず使わない」と思われるものには??を入れましょう。

（　）1. I *forget* about that.
（　）2. I'*m forgetting* about that.
（　）3. I'*ll forget* about that.
（　）4. I *will be forgetting* about that.
（　）5. I *will have forgotten* about that.
（　）6. I *will have been forgetting* about that.

🔒 ネイティブはこう判断する

◎ 1. I *forget* about that. ［単純現在形］
（いつもそのことを忘れる）

習慣的なことをこのように言うネイティブはいます。Sorry, but I tend to *forget* about things like that easily, so you'll have to keep reminding me.（悪いけど、私はその手のことをすぐ忘れちゃうから、きみが思い出させてくれないと）の前半部分を省略して、I *forget* about that.（私はいつもそのことを忘れるんだ）と使うことも可能でしょう。

? 2. I'*m forgetting* about that. ［現在進行形］
（?だんだんそういうことを忘れていく）

不自然な英語ですが、限定的な使い方ならできるでしょう。少しずつ何かを忘れていくようなイメージで、I had a lot of family problems, but I'*m forgetting* about that as I get older.（家族の問題がたくさんあったけど、だんだん年をとるにつれてそういうことも忘れていくよ）といった文であれば、問題ありません。

一方、主語を You にした You'*re forgetting* about that.（あなたはそのことを忘れているね）なら日常的に使えるフレーズになります。You'*re forgetting* about one thing. は「きみは1つ忘れているよ」と忘れ物を注意する時の決まり文句です。

? 3. I'*ll forget* about that.［単純未来形］
　（？そのことは忘れるだろうな）

　この言い方だけが使われる状況は想像しにくいですが、語句を補って I'*ll forget* about that, so remind me again tomorrow.（私はそのことを忘れるでしょうから、明日また思い出させて）などとすれば、自分が忘れっぽいことの言い訳としても使えます。また、本来見るべきではないものを見てしまったら、Don't worry. I'*ll forget* about that in no time.（心配しないで。そのことはすぐ忘れるから）と言うこともできるでしょう。

? 4. I *will be forgetting* about that.［未来進行形］
　（？私はそのことを忘れているだろう）

? 5. I *will have forgotten* about that.［未来完了形］
　（？私はそのことをすっかり忘れているだろう）

　語句を補えば、I *will have forgotten* about the meeting by next week, so please remind me.（来週までにその会議のことを忘れてるだろうから、思い出させて）といった文で使えるでしょう。

?? 6. I *will have been forgetting* about that.［未来完了進行形］
　（？私はそのことをすっかり忘れつづけているだろう）

10 │ give（…を与える）

文法書の文型解説では、ほぼ確実に例として挙げられる動詞です。SVO や SVOO の文型で用いられることが多く、常に目的語を必要とします。ここで取り上げる give a call（電話をかける）という表現の場合、継続的な行為ではないことにも注意してください。

Q19 （　）に「自然な英語で、決まり文句としてもよく使われる」と思われるものには◎を、「自然な英語だが、使われる状況が限られる」と思われるものには○を、「英語としては正しいが、ネイティブは何か情報が欠けていると感じる」と思われるものには？を、「不自然な英語表現で、ネイティブはまず使わない」と思われるものには ?? を入れましょう。

（　）1. He *gave* me a call.
（　）2. He *was giving* me a call.
（　）3. He *had given* me a call.
（　）4. He *had been giving* me a call.
（　）5. He *has given* me a call.
（　）6. He *has been giving* me a call.

🔒 **ネイティブはこう判断する**

◎ 1. He *gave* me a call. ［単純過去形］
　　（彼が私に電話をくれた）

過去に「電話があった」という事実を、ただ淡々と述べているイメージです。He *gave* me a call last night.（彼は昨夜、私に電話をくれた）のように副詞表現を添えると、より明確になります。

? 2. He *was giving* me a call. ［過去進行形］
　　（? 彼は私に電話をくれているところだった）

このままでは不自然ですが、会話文の一部など、状況によっては使うことも可能です。同じ「電話をする」でも、He *was talking* to me on the phone when the fire started.（火事が起こった時、彼は私に電話をしているところだった）と talk を使って表現すれば、自然な英語になります。

? 3. He *had given* me a call.［過去完了形］
　　（？彼は私に電話をくれていた）

　使うとしたら、「過去のある時点で電話をもらった」という限定的な状況です。He *had given* me a call before the meeting started, so he knew that I was in my office.（会議が始まる前に彼は私に電話をくれた。だから彼は私がオフィスにいることを知っていた）のような状況であれば自然でしょう。

?? 4. He *had been giving* me a call.［過去完了進行形］
　　（？彼は私にずっと電話をくれつづけていた）

? 5. He *has given* me a call.［現在完了形］
　　（？彼は私に電話をくれている）

　このままでは不自然ですが、過去から現在に至るまで継続している行為を表わすと考え、He *has given* me a call every morning for two years.（彼は2年間毎朝私に電話をくれている）という特殊な状況であれば使えます。

?? 6. He *has been giving* me a call.［現在完了進行形］
　　（？彼はずっと私に電話をくれつづけている）

　同じ「電話をする」でも、He *has been* on the phone for an hour.（彼は1時間電話をしている）なら自然です。しかし、進行形などの継続する行為を表わすのに、**give a call** はまず使いません。

🔍 Q20　（　）に「自然な英語で、決まり文句としてもよく使われる」と思われるものには◎を、「自然な英語だが、使われる状況が限られる」と思われるものには〇を、「英語としては正しいが、ネイティブは何か情報が欠けていると感じる」と思われるものには？を、「不自然な英語表現で、ネイティブはまず使わない」と思われるものには?? を入れましょう。

(　) 1. He *gives* me a call.
(　) 2. He's *giving* me a call.
(　) 3. He'*ll give* me a call.
(　) 4. He'*ll be giving* me a call.
(　) 5. He'*ll have given* me a call.
(　) 6. He'*ll have been giving* me a call.

🔒 ネイティブはこう判断する

? 　1. He *gives* me a call.［単純現在形］
　　　　（？彼は私に電話をくれる）

　習慣的な行動を表わす文です。He *gives* me a call every time he has a new idea.（彼は新しいアイデアが浮かぶといつも私に電話をくれる）のように語句を補うと、自然な英語になります。

? 　2. He's *giving* me a call.［現在進行形］
　　　　（？彼は今、私に電話をかけようとしている）

　◎か○だと判断した人は多いのではないでしょうか？ しかし、多くのネイティブは、「彼は今、私に電話をかけようとしている」は、He's *trying* to call me now. と表現するでしょう。

○　3. He'*ll give* me a call.［単純未来形］
　　　　（彼は私に電話をくれるよ）

　He'*ll give* me a call when he arrives at the airport.（空港に着いたら彼は電話をくれるよ）とすれば自然です。

? 　4. He'*ll be giving* me a call.［未来進行形］
　　　　（？彼は私に電話をかけているところだよ）

　これだけでは不自然です。ただしこれも、He'*ll be talking* to me on the phone when you arrive.（あなたが到着した時、彼は私に電話をかけているところだよ）と talk を使えば自然になります。

? 5. He'*ll have* given me a call.［未来完了形］
　　　（？彼は私に電話をくれているよ）

　このままでは不自然だからと、He'*ll have given* me a call by the time you get here.（あなたがここに着くまでに彼は私に電話をくれているだろう）と語句を補っても、あまり使わない表現です。ネイティブなら、He'*ll give* me a call by the time you get here. と言うでしょう。

?? 6. He'*ll have been giving* me a call.［未来完了進行形］
　　　（？彼はずっと電話をくれつづけているよ）

11 ｜ go （行く、通う）

距離的な移動だけでなく、時間的な経過、状態の変化も表わすため、どの時制を用いるかで意味が変わることに注意してください。ここで取り上げる go to work は、「仕事に行く」と「通勤する」のどちらの意味にもなります。あとにどのような副詞表現をつづけるかで、意味を明確にしましょう。

Q21　（　）に「自然な英語で、決まり文句としてもよく使われる」と思われるものには◎を、「自然な英語だが、使われる状況が限られる」と思われるものには○を、「英語としては正しいが、ネイティブは何か情報が欠けていると感じる」と思われるものには？を、「不自然な英語表現で、ネイティブはまず使わない」と思われるものには?? を入れましょう。

　　（　）1. I *went* to work.
　　（　）2. I *was going* to work.
　　（　）3. I *had gone* to work.
　　（　）4. I *had been going* to work.
　　（　）5. I'*ve gone* to work.
　　（　）6. I *have been gone* to work.

118

🔒 **ネイティブはこう判断する**

◎ 1. I *went* to work. ［単純過去形］
　　（仕事に出かけた／通勤した）

　I *went* to work yesterday. と言えば、「昨日は仕事だった」に近いニュアンスになります。I *went* to work by train. であれば、「電車で通勤した」という意味になります。

○ 2. I *was going* to work. ［過去進行形］
　　（仕事に行こうとしていた／通勤しているところだった）

　状況はある程度限られますが、I *was going* to work when you called me [gave me a call]. （電話をくれた時、仕事に行こうとしていた）や、I *was going* to work every day by bus. （私は毎日バスで通勤していた）のように使います。最近のことではなく、かなり前のことを言っているイメージになります。

? 3. I *had gone* to work. ［過去完了形］
　　（？仕事に行ってしまっていた）

　このままではあまり使いませんが、I *had* already *gone* to work when you called me. （電話をくれた時、すでに仕事に行っていた）と when で始まる副詞表現を補えば自然な言い方になります。

? 4. I *had been going* to work. ［過去完了進行形］
　　（？ずっと通勤しつづけていた）

　このままでは状況が曖昧ですが、語句を補い I *had been going* to work by train for five years, but I decided to start walking. （5年間電車通勤していたが、徒歩で通勤することにした）とすれば、自然な英語になります。

○ 5. I've *gone* to work. ［現在完了形］
　　（仕事に出かけた）

　状況を明確にすれば、自然な英語になります。 A: Are you at home now?

（今、家にいる？）B: No, I've (already) *gone* to work.（いや、もう仕事に出かけちゃった）や、I've *gone* to work every day for the last 20 years.（ここ20年は毎日通勤している）と使うのが一般的です。

？　6. I *have been going* to work.［現在完了進行形］
　　　（？私はずっと働きに行っている）

　語句を補い、I *have been going* to work by train, but I decided to start walking.（私はずっと電車通勤しているが、歩くことにした）とすれば英語として自然です。ただし多くのネイティブは、I *used to go* to work by train, but I decided to start walking.（電車通勤していたが、歩くことにした）などといった言い方をするでしょう。

🔍 Q22　（　）に「自然な英語で、決まり文句としてもよく使われる」と思われるものには◎を、「自然な英語だが、使われる状況が限られる」と思われるものには○を、「英語としては正しいが、ネイティブは何か情報が欠けていると感じる」と思われるものには？を、「不自然な英語表現で、ネイティブはまず使わない」と思われるものには??を入れましょう。

　（　）1. I *go* to work.
　（　）2. I'm *going* to work.
　（　）3. I *will go* to work.
　（　）4. I *will be going* to work.
　（　）5. I'll *have gone* to work.
　（　）6. I'll *have been going* to work.

🔒 ネイティブはこう判断する

？　1. I *go* to work.［単純現在形］
　　　（？仕事に行く／通勤する）

　このままで使うことはまずありません。副詞表現を追加して、I *go* to work by train.（電車通勤しています）や、I *go* to work every day.（毎日通勤している）と状況を明確にすれば自然な英語になります。

◎ 2. I'm going to work. ［現在進行形］
（仕事に行くところだ）

これから仕事に出かける場合、このフレーズを使います。通勤中に What are you doing now?（今、何してるの？）といった電話を受けて、I'm going to work.（仕事に行くところだ）と答えるのは非常に自然です。

○ 3. I will go to work. ［単純未来形］
（私は仕事に出かけるつもりだ）

このフレーズだけで使うことはまずないでしょう。I will go to work at 8:00.（8時に仕事に出かけるつもりだ）のように副詞表現を添えるのが一般的です。しかし go to work の場合、ネイティブなら I need [have] to go to work at 8:00.（8時に仕事へ行かなくちゃ）と need to ... もしくは have to ... を使うでしょう。

? 4. I will be going to work. ［未来進行形］
（？私は仕事に出かけているだろう）

このフレーズだけでは、状況がイメージしにくいかもしれません。A: I'll call you at 9:00.（9時に電話するよ）B: I will be going to work at that time. Could you call me at 9:30?（その時間は仕事に出ているよ。9時半に電話してもらえる？）というやり取りなら自然な英語になります。

? 5. I'll have gone to work. ［未来完了形］
（？仕事に出かけてしまっているよ）

このままでははっきりしませんが、A: I should get to your house by 9:00.（9時までにきみの家に着かないと）B: Okay, I'll have already gone to work, but my husband will still be here.（わかった、もう仕事に出ちゃってるだろうけど、夫がまだ家にいるわ）といったやり取りで語句を補って使えば、自然な英語になります。

?? 6. I'll have been going to work. ［未来完了進行形］
（？仕事にずっと出かけつづけているよ）

12 | have (…を持つ)

物的な所有・所持、関係、経験などを表わします。一時的な行為ではなく、ある程度継続的な状態を表わすことに注意してください。have a party は「パーティがある（パーティに参加する）」「パーティを開催する」のどちらの意味にも取れるので、明確にする場合は、語句を補いましょう。※ここでは「パーティがある（パーティに参加する）」の例文を紹介します。

Q23 （　）に「自然な英語で、決まり文句としてもよく使われる」と思われるものには◎を、「自然な英語だが、使われる状況が限られる」と思われるものには○を、「英語としては正しいが、ネイティブは何か情報が欠けていると感じる」と思われるものには？を、「不自然な英語表現で、ネイティブはまず使わない」と思われるものには??を入れましょう。

( ) 1. I *had* a party.
( ) 2. I *was having* a party.
( ) 3. I *had had* a party.
( ) 4. I *had been having* a party.
( ) 5. I've *had* a party.
( ) 6. I *have been having* a party.

🔒 ネイティブはこう判断する

◎ 1. I *had* a party. ［単純過去形］
　　（パーティがあった）

このようなフレーズを使うのは「ちょっと前」にパーティが終わった時です。過去とはいえあまりにも昔のことの場合、副詞表現が必要になります。

○ 2. I *was having* a party. ［過去進行形］
　　（パーティをしていた）

A: What were you doing last night?（昨日の夜、何をしていたの？）B: I *was having* a party.（パーティをしていた）というやり取りなら自然です。

または I *was having* a party when you called.（電話をもらった時、パーティをしていた）と副詞表現を加えて表現すれば、誤解なく理解してもらえます。

? 3. I *had had* a party.［過去完了形］
（？パーティがあった）

過去のある時を思い出し、「あの時は…」と回想すると思われますが、あまり使われない言い方です。I *had had* a party, so I was drunk.（パーティがあったから、酔っぱらった）と語句を補えば、自然な英語になります。

? 4. I *had been having* a party.［過去完了進行形］
（？ずっとパーティをやりつづけていた）

不自然な英語です。過去完了進行形は、I *had been having* a difficult time preparing for the party, but then George started to help me.（ずっとパーティの準備で大変だったけど、その後ジョージが手伝ってくれるようになった）など、その後状況が変わった場合によく使われます。

? 5. I'*ve had* a party.［現在完了形］
（？ずっとパーティがある）

これだけで使うことはまずないでしょう。A: What's going on over there?（あっちはどう？）B: I'*ve just had* a party and everyone's drunk.（ちょうどパーティがあって、みんな酔っぱらったよ）と表現することは可能ですが、ネイティブなら The party just *ended* and everyone's drunk.（パーティがちょうど終わって、みんな酔っぱらったよ）とシンプルに言うでしょう。

ちなみに「最近」というニュアンスで I'*ve had* ... を使うなら、I'*ve just had* ... と、just を入れるのがいいでしょう。I'*ve just had* a party here.（ちょうどここでパーティがあった）なら、「最近」というイメージになります。I'*ve had*... には「ある程度の期間、長くつづく」イメージがあるので、I'*ve had* a hard time increasing sales in the last few years.（ここ数年、売り上げを伸ばすのが大変だ）という内容なら自然です。

?? 6. I *ve been having* a party. ［現在完了進行形］
　　　（？ずっとつづけてパーティがある）

　have a party の言い回しでは不自然ですが、I*'ve been having* a good time.（ずっと楽しく過ごしている）なら口語で使います。I*'ve been having* ...（ずっと…しつづけている）は、ある程度長くつづく状態に使うフレーズです。ただし、たとえ継続するとはいえ、She *has been having* a baby.（？彼女はずっと妊娠しつづけている）は不自然な英語になります。

🔍 Q24　（　）に「自然な英語で、決まり文句としてもよく使われる」と思われるものには◎を、「自然な英語だが、使われる状況が限られる」と思われるものには○を、「英語としては正しいが、ネイティブは何か情報が欠けていると感じる」と思われるものには？を、「不自然な英語表現で、ネイティブはまず使わない」と思われるものには ?? を入れましょう。

　　（　）1. I *have* a party.
　　（　）2. I'*m having* a party.
　　（　）3. I'*ll have* a party.
　　（　）4. I'*ll be having* a party.
　　（　）5. I *will have had* a party.
　　（　）6. I *will have been having* a party.

　🔒 ネイティブはこう判断する

? 1. I *have* a party. ［単純現在形］
　　　（？パーティがある）

　このままでははっきりしませんが、I *have* a party tonight.（今晩パーティがある）のように語句を補えば、未来を表わす単純現在形として使えます。ただし、ほぼ確実な直近の予定に対して使うため、I *have* a party next year.（来年パーティがある）は不自然です。

◎ 2. I'*m having* a party. ［現在進行形］
　　　（パーティがある／パーティをしている）

124

直近の予定を表わします。今晩パーティがあるなら、こんなフレーズを使うでしょう。I'm having a party tonight.（今晩パーティがある）は問題ありませんが、I'm having a party next month.（来月パーティがある）はやや不自然になります。

電話で A: What are you doing now?（今何しているの？）B: I'm having a party.（パーティしているんだ）という状況で使われることももちろんあります。

○ 3. I'll have a party.［単純未来形］
（パーティがあるよ）

単純な未来を表わします。What are you doing tonight?（今晩どうするの？）と聞かれ、I'll ...（…だよ）ととっさに答えるイメージです。

? 4. I'll be having a party.［未来進行形］
（?パーティがあるだろうな）

I'll be having a party tonight, so I won't be able to meet you.（今晩パーティだから、きみに会えないな）のように語句を補えば、自然な英語になります。「…するので」など、具体的な理由を挙げる際よく使う表現です。

? 5. I will have had a party.［未来完了形］
（?私はパーティに参加しているだろう）

不自然な英語です。When George gets here tomorrow, I will have had enough time to tell everyone to be careful.（ジョージが明日ここに来たら、みんなに注意するよう伝える時間は十分にある）という回りくどい表現なら可能です。しかし、これも I'll have enough time to tell everyone to be careful before George gets here tomorrow.（ジョージが明日ここへ来るまでに、みんなに注意するよう伝える時間は十分にある）とシンプルに表現するほうが多いでしょう。

?? 6. I will have been having a party.［未来完了進行形］
（?私はずっとパーティに参加しつづけているだろう）

13 | hope (望む)

hope は願望を表わすため、単語自体に「未来」のニュアンスを含みます。ただし実際にその内容は、ほとんどが「自分の力ではどうにもできないこと」のため、その点で wish とは異なります。ネガティブなニュアンスを含むこともあるので、注意しましょう。

🔍 Q25　(　)に「自然な英語で、決まり文句としてもよく使われる」と思われるものには◎を、「自然な英語だが、使われる状況が限られる」と思われるものには○を、「英語としては正しいが、ネイティブは何か情報が欠けていると感じる」と思われるものには？を、「不自然な英語表現で、ネイティブはまず使わない」と思われるものには?? を入れましょう。

(　) 1. I *hoped* so.
(　) 2. I *was hoping* so.
(　) 3. I *had hoped* so.
(　) 4. I *had been hoping* so.
(　) 5. I've *hoped* so.
(　) 6. I *have been hoping* so.

🔒 **ネイティブはこう判断する**

○ 1. I *hoped* so.　［単純過去形］
　　（そう願った）

　日常会話ではまず使わないフレーズです。使うとしたら、**My friend said she hoped no one was injured, and I *hoped* so too.**（誰もけがをしないように願うと友人は言い、私もそう願った）など、小説の回想シーンのような文章でしょう。

○ 2. I *was hoping* so.　［過去進行形］
　　（そう望んでいた）

使う状況が限定される表現です。A: You must think I'm rich.（私のことをお金持ちだと思っているわね）B: I *was hoping* so.（だったらよかったんだけど）という会話なら自然ですが、ふつうの会話ではまず使わないでしょう。

? 3. I *had hoped* so.［過去完了形］
（？ずっとそう願っていた）

小説で目にするような表現です。George hoped no one was injured, and I *had hoped* so too.（ジョージは誰もけがしないようにと願った。そして私もずっとそう願っていた）と語句を補えば使えるでしょう。

? 4. I *had been hoping* so.［過去完了進行形］
（？ずっとそう願いつづけていた）

「さっきまではそれを望んでいたが、今はちょっと違うかもしれない」というニュアンスを含みます。A: Do you really want him to ask you to marry you?（本当に彼に結婚を申し込んでもらいたいの？）B: I *had been hoping* so, but now I'm not so sure.（ずっとそう望んでいたんだけど、今はよくわからないわ）というやり取りなら自然です。

? 5. I've *hoped* so.［現在完了形］
（？ずっとそう願っている）

この言い回しだけで使うことは、まずないでしょう。ただし、何か1つのことを願いつづけるような状況であれば、使うことも可能です。

? 6. I *have been hoping* so.［現在完了進行形］
（？私はずっとそう願いつづけている）

ある程度長期にわたり、何かを願いつづけているイメージの文です。ただし使うとしても、かなり特殊な状況になるでしょう。

🔍 **Q26** （　）に「自然な英語で、決まり文句としてもよく使われる」と思われるものには◎を、「自然な英語だが、使われる状況が限られる」と思われるものには〇を、「英語としては正しいが、ネイティブは何か情報が欠けていると感じる」と思われるものには？を、「不自然な英語表現で、ネイティブはまず使わない」と思われるものには **??** を入れましょう。

(　) 1. I *hope* so.
(　) 2. I'm *hoping* so.
(　) 3. I'll *hope* so.
(　) 4. I *will be hoping* so.
(　) 5. I *will have hoped* so
(　) 6. I'll *have been hoping* so.

🔒 **ネイティブはこう判断する**

◎ 1. I *hope* so. ［単純現在形］
　　（そうだといいな）

　日常的に使うフレーズです。ふつう「そうだといいな」と訳されますが、2つの意味に取ることが可能です。A: Are you going to go to the Olympics?（オリンピックに行くつもり？）B: I *hope* so.（そうだといいな）なら前向きなニュアンスですが、A: George is going to come to the meeting, isn't he?（ジョージはその会議に来るよね？）B: I *hope* so.（そうだといいけど［違うかも］）だとネガティブな意味になります。

〇 2. I'm *hoping* so. ［現在進行形］
　　（そう願っています）

　「まさに今そう願っている」と、今現在のリアルな心境を表わすことができます。

？ 3. I'll *hope* so. ［単純未来形］
　　（？そう願うよ）

128

hope にすでに未来のニュアンスも含まれるため、英語としてやや不自然です。

? 4. I *will be hoping* so.［未来進行形］

（？私はそう願うつもりです）

そう頻繁に使うフレーズではありません。ただし、I *will be hoping* ... と will を短縮せずに言えば、より一層 hope（願う）が強調されます（27, 94ページ参照）。また、さらに副詞表現を加えて I *will be hoping* so hard.（私は強くそう願うでしょう）などと使うことも可能です。

?? 5. I *will have hoped* so.［未来完了形］

（？私はずっとそう願いつづけるだろう）

?? 6. I'*ll have been hoping* so.［未来完了進行形］

（？ずっとそう願いつづけているよ）

14 ｜ leave（離れる）

そもそも leave は曖昧なニュアンスを含む語で、使い方によって「移動するその瞬間」を指すことも、「移動し終わった状態」を指すことも可能です。そのため、時制の使い分けが非常に重要となります。11 の go で go to work（仕事に行く／通勤する）を紹介しましたが、その反対の意味になるのが leave work（職場を出る／退勤する）で、「仕事を終える」という意味にもなります。

🔍 Q27 　（　）に「自然な英語で、決まり文句としてもよく使われる」と思われるものには◎を、「自然な英語だが、使われる状況が限られる」と思われるものには〇を、「英語としては正しいが、ネイティブは何か情報が欠けていると感じる」と思われるものには？を、「不自然な英語表現で、ネイティブはまず使わない」と思われるものには??を入れましょう。

(　) 1. I *left* work.

(　) 2. I *was leaving* work.

(　) 3. I *had left* work.

(　) 4. I *had been leaving* work.

(　) 5. I've *left* work.

(　) 6. I've *been leaving* work.

ネイティブはこう判断する

◎ 1. I *left* work.［単純過去形］
　　（職場を出た）

このフレーズだけでも十分ですが、I *left* work a little early today.（今日は少し早く職場を出た）と副詞表現を加えると、より明確な文になります。

○ 2. I *was leaving* work.［過去進行形］
　　（職場を出ようとしていた）

基準となる時間表現を加え、I *was leaving* work when my boss stopped me and asked me to work overtime.（上司に呼び止められて残業するように言われた時、私は職場を出ようとしていた）とすると、わかりやすくなります。

○ 3. I *had left* work.［過去完了形］
　　（職場を出ていた）

過去のことを思い出して話す時に使う表現です。On the day of the crime, I *had left* work early.（その犯罪が起きた日、私は早めに職場を出ていた）なら自然な英語になります。

? 4. I *had been leaving* work.［過去完了進行形］
　　（?ずっと職場を出つづけていた）

このフレーズのみで使うことはないでしょう。ただし、I *had been leaving* work early, so I wasn't used to working overtime.（ずっと早い時間に職場を出ていたから、残業することには慣れていなかった）と語句を足せば無理なく理解してもらえます。

〇 5. I've left work.［現在完了形］
　　（職場を出た）

　これもまた、この文のみで使うことは考えにくいでしょう。I've (already) left work, and I'm almost home.（もう職場を出て、もう少しで家に着く）のような表現なら、自然な英語になります。

? 6. I've been leaving work.［現在完了進行形］
　　（？ずっと職場を出つづけていた）

　この文だけでは曖昧ですが、次のようなやり取りの一部と考えればいいでしょう。A: Why are you angry?（どうして怒ってるの？）B: I've been leaving work early every day, but today I have to work overtime.（毎日早く職場を出てるけど、今日は残業をしなきゃいけないんだ）

Q28　（　）に「自然な英語で、決まり文句としてもよく使われる」と思われるものには◎を、「自然な英語だが、使われる状況が限られる」と思われるものには〇を、「英語としては正しいが、ネイティブは何か情報が欠けていると感じる」と思われるものには？を、「不自然な英語表現で、ネイティブはまず使わない」と思われるものには？？を入れましょう。

（　）1. I *leave* work.
（　）2. I'*m leaving* work.
（　）3. I'*ll leave* work.
（　）4. I *will be leaving* work.
（　）5. I *will have left* work.
（　）6. I'*ll have been leaving* work.

🔒 ネイティブはこう判断する

? 1. I *leave* work.［単純現在形］
　　（？職場を出ます）

　習慣的な行為を表わしますが、このままでははっきりしません。I leave

131

work every day at 7:00.（毎日7時に職場を出ます）というように、時を表わす副詞表現を加えれば明確になります。

○ 2. I'm leaving work.［現在進行形］
　　（職場を出るところだ）

　現在進行形ですが、実際には「あともう少しで出発する」という未来のニュアンスで使うことが多いでしょう。I'm leaving work now, so wait for me there.（もう職場を出るから、そこで待ってて）のように使います。

? 3. I'll leave work.［単純未来形］
　　（?職場を出るよ）

　語句を補い、I'll leave work early tonight so I can go to a party.（今晩は早めに職場を出るから、パーティに行けるよ）とすれば無理なく理解してもらえます。

? 4. I will be leaving work.［未来進行形］
　　（?私は職場を出ているだろう）

　I will be leaving work early so I can go to a party.（私は早めに職場を出ているだろうから、パーティに行けるよ）というように、「だから…」にあたる語句をつづければ自然な英語になります。

? 5. I will have left work.［未来完了形］
　　（?私は職場を出ているだろう）

　A: I can get there at 7:00.（僕は7時にそこへ着くよ）B: I will have left work at 6:00.（私は6時に職場を出ているだろう）というやり取りでも使えます。ただし実際は、B: I have to leave at 6:00, so I can't get there at 7:00.（私は6時に出なきゃいけないから、7時にそこへ着けないな）と表現するほうが多いでしょう。

?? 6. I'll have been leaving work.［未来完了進行形］
　　（?職場をずっと出ているよ）

132

15 | live（住む）

継続的な行為を表わす状態動詞です。そのため完了表現とは非常に相性がよく、例文などでも頻繁に取り上げられます。それがつづく期間（住んでいる期間）が幅広く変化し、進行形でもよく使われることに注目してください。

Q29 （　）に「自然な英語で、決まり文句としてもよく使われる」と思われるものには◎を、「自然な英語だが、使われる状況が限られる」と思われるものには○を、「英語としては正しいが、ネイティブは何か情報が欠けていると感じる」と思われるものには？を、「不自然な英語表現で、ネイティブはまず使わない」と思われるものには?? を入れましょう。

（　） 1. I *lived* in America.
（　） 2. I *was living* in America.
（　） 3. I *had lived* in America.
（　） 4. I *had been living* in America.
（　） 5. I've *lived* in America.
（　） 6. I've *been living* in America.

🔒 **ネイティブはこう判断する**

◎ 1. I *lived* in America. ［単純過去形］
　　（私はアメリカに住んだ）

このフレーズを聞くと、ネイティブは I *lived* in America for a year.（1年間アメリカに住んだ）に近い、「アメリカに短期間住んだ」というイメージを持つでしょう。ある程度の期間、住んでいたならば完了形を使うはずです。あえて単純過去形で表わすと、「過去にアメリカに住んだ」という事実をただ述べているイメージになります。

? 2. I *was living* in America. ［過去進行形］
　　（?［一時的に］私はアメリカに住んでいた）

133

このままだとはっきりしませんが、when で始まる副詞表現を添え、I *was living* in America when the company went bankrupt.（会社が倒産した時、一時的に私はアメリカに住んでいた）などとすると、内容が明確になります。

? 3. I *had lived* in America.［過去完了形］
　　（?私はずっとアメリカに住んでいた）

A: Was it difficult to start a company?（会社を始めるのはむずかしかった？）という質問に対して、B: I *had lived* in America for a long time by then, so it wasn't so difficult.（その時までずっとアメリカに住んでいたから、さほどむずかしくなかったよ）と状況がわかる語句を付け足して答えれば、無理なく理解してもらえます。

? 4. I *had been living* in America.［過去完了進行形］
　　（?私はずっとアメリカに住みつづけていた）

このままでは不自然ですが、状況によって語句を補えば自然な表現になります。「私はアメリカに長く住んでいた」を、日本人はよく I *was living* in America for a long time. と表現しますが、I *was living* ... と for a long time は同時に使えません。こんな時こそ、I *had been living* in America for a long time.（私は長くアメリカに住みつづけていた）と過去完了進行形を使いましょう。

○ 5. I'*ve lived* in America.［現在完了形］
　　（私はアメリカに住んでいる）

「アメリカに住んだことがある」なら、単純過去形の I *lived* in America. でも大丈夫です。ネイティブがあえて I'*ve lived* in America. と現在完了形を使う場合、「ある程度の期間住んでいた」ことを強調したいのだと考えられます。個人的な感覚かもしれませんが、たとえば I *lived* in America, so I know all about that.（アメリカに住んでいたから、あの国のすべてを知っている）だと、I know all about that. が強調されます。一方、I'*ve lived* in America, so I know all about that.（私はアメリカにずっと住んでいるから、あの国のすべてを知っている）だと、I'*ve lived* in America. が強調されます。I *have lived* in America. と have を短縮せずに言うと、「私はアメリカにずっと住んでいる

んだ」と威張っているように聞こえるでしょう（112ページ参照）。

◎ 6. I've been living in America.［現在完了進行形］
　　（私はアメリカに住みつづけている）

「ずっと住んでいる」ことを強調する時、ネイティブはよく現在完了進行形を使います。I've been living in America for a long time.（私は長い間アメリカに住みつづけている）や、I've been living in America for a long time, so I'm not familiar with Japanese politics.（私は長くアメリカに住みつづけているから、日本の政治に詳しくない）というように、情報を付け足して使ってもいいでしょう。

🔍 Q30　（　）に「自然な英語で、決まり文句としてもよく使われる」と思われるものには◎を、「自然な英語だが、使われる状況が限られる」と思われるものには○を、「英語としては正しいが、ネイティブは何か情報が欠けていると感じる」と思われるものには？を、「不自然な英語表現で、ネイティブはまず使わない」と思われるものには？？を入れましょう。

（　）1. I *live* in America.
（　）2. I'm *living* in America.
（　）3. I'll *live* in America.
（　）4. I'll *be living* in America.
（　）5. I *will have lived* in America.
（　）6. I *will have been living* in America.

🔒 ネイティブはこう判断する

◎ 1. I *live* in America.［単純現在形］
　　（私はアメリカに住んでいる）

単純現在形は習慣を表わすため、ネイティブがこのフレーズを聞くと「アメリカに永住している」と思うでしょう。

○ 2. I'*m living* in America.［現在進行形］
　　　（［今、一時的に］アメリカに住んでいる）

　あえて現在進行形にすると、現在のみの一時的な状況と取られます。そのため「（今、一時的に）アメリカに住んでいる（でも今後はどうなるかわからない）」という意味になるでしょう。

? 3. I'*ll live* in America.［単純未来形］
　　　（？アメリカに住むよ）

　とっさの思いつきの発言に聞こえますが、そう頻繁に使われる言い方ではないと思います。I *will live* in America. と短縮せずに言えば「私はアメリカに住むつもりだ」と意志が強調されます（27, 94 ページ参照）。

? 4. I'*ll be living* in America.［未来進行形］
　　　（？アメリカに住んでいるだろうな）

　I'*ll be living* in America when I graduate, so I think I can find a job there.（卒業する時アメリカに住んでいるだろうから、アメリカで仕事を見つけられると思う）などと情報を付け足して言えば、未来のある時点で進行している行動を予測した表現になります。ネイティブが未来の予定を言うなら、3 や 5 より、この 4 の言い方をするでしょう。

? 5. I *will have lived* in America.［未来完了形］
　　　（？私はアメリカに住んでいるだろう）

　I *will have lived* in America for four years when I graduate, so I should be able to speak English by then.（卒業する時アメリカに住んで 4 年になるだろうから、その時までには英語を話せるだろう）というような言い方なら自然な英語です。ただし回りくどい表現のため、そう頻繁には使いません。

? 6. I *will have been living* in America.［未来完了進行形］
　　　（？私はアメリカに住みつづけているだろう）

　未来完了進行形の I *will have been living* in America for four years when I graduate, ...（卒業する時アメリカに住みつづけて 4 年になるだろう…）と

未来完了形の I *will have lived* in America for four years when I graduate, …（卒業する時アメリカに住んで４年になるだろう…）を比べても差はあまりなく、ネイティブも基本的に使い分けていません。しかし、未来完了進行形（*will have been living*）はさらに継続するイメージがあります。よって、「卒業する時アメリカに住んで４年になるから、その時には日本に戻ってきたいと思うだろう」と言いたいのであれば、I *will have lived* in America for four years when I graduate, so I'll probably feel like coming back to Japan by then. と未来完了形を用いて表現するといいでしょう。とはいえ、回りくどいフレーズですから、そう使わないでしょう。

16 | make （…を作る）

「作る」はほかにも類語があり、制作工程や時間により動詞を使い分ける場合もあります。しかし、もっとも幅広く使えるのが make で、さまざまな目的語に対して用いることが可能です。

Q31 （　）に「自然な英語で、決まり文句としてもよく使われる」と思われるものには◎を、「自然な英語だが、使われる状況が限られる」と思われるものには○を、「英語としては正しいが、ネイティブは何か情報が欠けていると感じる」と思われるものには？を、「不自然な英語表現で、ネイティブはまず使わない」と思われるものには ?? を入れましょう。

（　）1. I *made* a report.
（　）2. I *was making* a report.
（　）3. I *had made* a report.
（　）4. I *had been making* a report.
（　）5. I've *made* a report.
（　）6. I've *been making* a report.

🔒 ネイティブはこう判断する

◎ 1. I *made* a report. ［単純過去形］
　　　（レポートを作成した）

　I *made* a report yesterday.（昨日レポートを作成した）のように副詞表現を追加すると、より明確な英語になります。

○ 2. I *was making* a report. ［過去進行形］
　　　（レポートを作成しているところだった）

　この文だけだと「いつ？」と疑問に思われるでしょう。I *was making* a report when Sally called me.（サリーが電話をしてきた時、私はレポートを作成していた）のように基準となる時を添えれば明確な文になります。またレポートを作成している最中に、A: I need you to make a report.（レポートを作成するのにきみが必要だ）と言われたら、過去進行形を使い、B: I *was* just *making* one.（ちょうど今、作成していたところだ）と答えるといいでしょう。
　be about to ...（まさに…しようとする）を使い、I *was* just *about to make* a report.（ちょうどレポートを作成しようとしていたところだった）とすると、それより一瞬前の段階、すなわち「…しようとしていた」という状態が表現できます。

○ 3. I *had made* a report. ［過去完了形］
　　　（レポートを作成していた）

　これもまた、基準となる時の表現を添えるといいでしょう。I *had* already *made* a report when my boss told me to make one.（上司にレポートを作成するように言われた時、私はすでに作成していた）などとすればわかりやすい文になります。

? 4. I *had been making* a report. ［過去完了進行形］
　　　（?レポートをずっと作成しつづけていた）

　あまり使われない言い方です。I *had been making* ... は習慣的につづくイメージがあるため、I *had been making* reports for 10 years, but then I got

138

reassigned.（10年間レポートを作成しつづけていたが、その後部署が変わった）などと表現できます。しかし、これも I *made* reports for 10 years, but then I got reassigned.（10年間レポートを作成したが、その後部署が変わった）などと表現するほうが英語として自然です。

○ 5. I've *made* a report.［現在完了形］
　　（レポートを作成しておいた）

　I've *made* a report for you. と I *made* a report for you. はどちらも「きみのためにレポートを作成した」と訳せますが、英語のニュアンスは異なります。現在完了形は単純過去形に比べてややフォーマルに聞こえるため、強いて訳せば「きみのためにレポートを作成しておきましたよ」といったニュアンスになります。副詞 already を追加して、I've already *made* a report for you.（きみのためにもうレポートを作成しておきました）とすれば、もっとフォーマルに聞こえます。

? 6. I've *been making* a report.［現在完了進行形］
　　（？ずっとレポートを作成しつづけていた）

　I've *been working* on a report.（レポートに取り組んでいる）なら自然ですが、I've *been making* a report. は少し不自然に聞こえます。これは、work on a report（レポートに取り組む）は長い過程を想像させる表現であるのに対し、make a report（レポートを作成する）はただ「作成する［作る］」を意味するからだと考えられます。動詞と時制の相性も重要だという、いい例です。

🔍 **Q32**　（　）に「自然な英語で、決まり文句としてもよく使われる」と思われるものには◎を、「自然な英語だが、使われる状況が限られる」と思われるものには〇を、「英語としては正しいが、ネイティブは何か情報が欠けていると感じる」と思われるものには？を、「不自然な英語表現で、ネイティブはまず使わない」と思われるものには ?? を入れましょう。

　　（　）1. I *make* a report.
　　（　）2. I'*m making* a report.
　　（　）3. I'*ll make* a report.
　　（　）4. I'*ll be making* a report.
　　（　）5. I *will have made* a report.
　　（　）6. I *will have been making* a report.

🔒 **ネイティブはこう判断する**

？　1. I *make* a report.［単純現在形］
　　（？私はレポートを作成する）

　これでも意味は通じますが、I *make* a weekly report every Friday.（毎週金曜日にいつも週報を作成する）のように語句を補えば、より自然な英語になります。

〇　2. I'*m making* a report.［現在進行形］
　　（今レポートを作成している）

　自然な英語です。A: What are you doing now?（今、何をしているの？）B: I'*m making* a report.（レポートを作成しているよ）といったやり取りが一般的でしょう。

〇　3. I'*ll make* a report.［単純未来形］
　　（［じゃあ］レポートを作成するよ）

　短縮しない形の I *will make* a report. だと「私がレポートを作成します」と意志を強調する言い方になります。

? 4. I'*ll be making* a report.［未来進行形］

（？レポートを作成しているところだよ）

　A: What will you be doing tomorrow morning?（明日の午前中は何をしている？） B: I'*ll be making* a report.（レポートを作成しているところだよ）というやり取りなら、英語として自然です。ただしこのような時、多くのネイティブは、I'*m going to make* a report.（レポートを作成するつもりです）や、I'*ll be making* a report when you arrive here, so don't interrupt me.（きみがここに着く時、私はレポートを作成しているから邪魔しないで）などと表現すると思います。

? 5. I *will have made* a report.［未来完了形］

（？私はレポートを作成しているだろう）

　このままでは不自然ですが、I *will have made* a report by the time you arrive.（あなたが着くまでにレポートを作成しているだろう）と表現することは可能です。ただしこれもネイティブなら、I'*ll finish making* a report before you arrive.（あなたが着くまでにレポートを作成し終えるよ）などと言うでしょう。

?? 6. I *will have been making* a report.［未来完了進行形］

（？私はずっとレポートを作成しつづけているでしょう）

17 | meet （…に会う、打ち合わせる）

meet には「会う」のほか「（偶然）出くわす」「知り合いになる」「打ち合わせる」などさまざまな意味があり、文脈から判断するしかありません。誤解を避けるには、副詞表現などを添え、意味を限定するといいでしょう。「打ち合わせる」なら meet with を使うのがオススメです。

Q33 （　）に「自然な英語で、決まり文句としてもよく使われる」と思われるものには◎を、「自然な英語だが、使われる状況が限られる」と思われるものには〇を、「英語としては正しいが、ネイティブは何か情報が欠けていると感じる」と思われるものには？を、「不自然な英語表現で、ネイティブはまず使わない」と思われるものには ?? を入れましょう。

（　） 1. I *met* the president.
（　） 2. I *was meeting* the president.
（　） 3. I *had met* the president.
（　） 4. I *had been meeting* the president.
（　） 5. I'*ve met* the president.
（　） 6. I *have been meeting* the president.

ネイティブはこう判断する

◎ 1. I *met* the president. ［単純過去形］
　　（社長に会った）

　英語として非常に自然です。ただし、これだけでは社長と「初めて会った」のか（その場合、会ったのは「数分」と思われます）、それとも「打ち合わせをした」のか（その場合、ある程度時間がかかったと思われます）、わかりません。I *met* the president.（社長と会った）だけだと、「最近会った」ニュアンスになるので、ずっと前の話であれば、それとわかる時間表現を付けましょう。

○ 2. I *was meeting* the president.［過去進行形］
（社長に会っていた）

このままでは、やや不親切な文です。ネイティブが I *was meeting* the president. と聞くと「社長と初めて会っていた」という意味に取り、短時間の対面で終わったイメージです。I *was meeting* the president when you called.（電話をくれた時、私は社長に会っていた）でも通じますが、I *was meeting* with the president when you called.（電話をくれた時、私は社長と打ち合わせをしていた）とすればもっとはっきりします。

? 3. I *had met* the president.［過去完了形］
（? 社長にずっと会っていた）

I *had met* the president before the meeting started.（打ち合わせが始まるまで、社長と会っていた）のように語句を補えば、自然な英語になります。しかし、回りくどい表現のため、ネイティブならシンプルに I *met* the president before the meeting.（打ち合わせまで社長と会っていた）と言うでしょう。

? 4. I *had been meeting* the president.［過去完了進行形］
（? 社長にずっと会いつづけていた）

語句を補って I *had been meeting* with the president every day before the conference.（カンファレンスまで毎日ずっと社長と打ち合わせていた）などとすると、自然な表現になります。

? 5. I'*ve met* the president.［現在完了形］
（? 社長に会ったことがある）

経験を表わしますが、これにたとえば副詞表現を加えて、I'*ve met* the president before.（以前、社長に会ったことがある）や、I'*ve already met* the president.（すでに社長にお会いしたことがある）と表現すれば、英語として自然です。ちなみに I *have met* ... と have を短縮せずに言うと、「…に会ったことがあるんだ」と強調した言い方になります（112 ページ参照）。単に「会ったことがある」と言うのであれば、I'*ve met* ... がいいと思います。

？ 6. I *have been meeting* the president. ［現在完了進行形］
　　　（？私は社長にずっと会いつづけている）

このままだと、はっきりしません。I *have been meeting* the president every morning, but then he got sick.（私は毎朝ずっと社長と会いつづけていたが、その後社長は病気になった）などと語句を補うといいでしょう。

Q34　（　）に「自然な英語で、決まり文句としてもよく使われる」と思われるものには◎を、「自然な英語だが、使われる状況が限られる」と思われるものには〇を、「英語としては正しいが、ネイティブは何か情報が欠けていると感じる」と思われるものには？を、「不自然な英語表現で、ネイティブはまず使わない」と思われるものには??を入れましょう。

（　）1. I *meet* the president.
（　）2. I'*m meeting* the president.
（　）3. I *will meet* the president.
（　）4. I'*ll be meeting* the president.
（　）5. I *will have met* the president.
（　）6. I *will have been meeting* the president.

🔒 **ネイティブはこう判断する**

？ 1. I *meet* the president. ［単純現在形］
　　　（？［いつも］社長に会っている）

習慣を表わしますが、これだけで使うことはあまりないでしょう。I *meet* the president every day in the elevator.（エレベーターで毎日、社長に会う）や、I *meet* with the president every day for 15 minutes.（毎日15分間社長と打ち合わせをする）などと表現すれば明確な文になります。

？ 2. I'*m meeting* the president. ［現在進行形］
　　　（？社長に会っているところだ）

今、進行している動作なら I'*m meeting* the president right now.（まさに

今、社長と会っている)、未来を表わすなら I'm meeting the president next week.（来週、社長に会うだろう）などと語句を補えば、自然な英語になります。

○ 3. I *will meet* the president.［単純未来形］
　　（私は社長に会うつもりだ）

I'*ll meet* the president tomorrow morning.（明日の朝、社長に会うよ）や I'*m going to meet* with the president tomorrow morning.（明日の朝、社長と打ち合わせをすることになっている）でもほぼ同じ意味になりますが、ニュアンスは変わります（28 ページ参照）。will, 'll, be going to ... の違いはもうおわかりですね？

? 4. I'*ll be meeting* the president.［未来進行形］
　　（？社長に会っているところだよ）

未来のある時点で進行している行為を表わします。I'*ll be meeting* the president tomorrow morning when you're at the factory.（明日の朝あなたが工場にいる時、社長に会っているところだよ）と when 以下の副詞表現を加えると、自然な英語になります。

? 5. I *will have met* the president.［未来完了形］
　　（？私は社長に会っているだろう）

I *will have* already *met* the president by the time you arrive at the factory.（あなたが工場に着くまでに、私はすでに社長に会っているだろう）と表現することは可能です。しかしネイティブは、I'*ll meet* the president before you arrive at the factory.（あなたが工場に着く前に、私は社長に会うだろう）などと表現するでしょう。

? 6. I *will have been meeting* the president.［未来完了進行形］
　　（？私は社長に会いつづけているだろう）

I *will have been meeting* the president for 15 minutes by the time you arrive at the factory.（あなたが工場に着くまでに、私は 15 分間社長に会っているだろう）と表現できなくもありませんが、非常に回りくどく不自然です。

When you arrive at the factory, I'*ll be* 15 minutes into the meeting the president.（あなたが工場に着いたら、私は15分社長と打ち合わせをしているところだろう）と表現するほうが一般的でしょう。

18 | play （…をする）

動作動詞を代表する語で、「スポーツをする」「楽器を演奏する」「劇を上演する」「ふるまう」など、さまざまな意味で使います。時制により、その動作の時（その動作がいつ行なわれたか）だけでなく、動作の継続時間も変わることに注意しましょう。

🔍 Q35　（　）に「自然な英語で、決まり文句としてもよく使われる」と思われるものには◎を、「自然な英語だが、使われる状況が限られる」と思われるものには○を、「英語としては正しいが、ネイティブは何か情報が欠けていると感じる」と思われるものには？を、「不自然な英語表現で、ネイティブはまず使わない」と思われるものには??を入れましょう。

(　) 1. I *played* tennis.
(　) 2. I *was playing* tennis.
(　) 3. I *had played* tennis.
(　) 4. I *had been playing* tennis.
(　) 5. I've *played* tennis.
(　) 6. I've *been playing* tennis.

🔒 ネイティブはこう判断する

◎ 1. I *played* tennis. ［単純過去形］
　　（私はテニスをした）

自然な英語ですが、ネイティブには何か情報が欠けているように思えてしま

います。A: What did you play yesterday?（昨日何をしたの？）B: I *played* tennis.（テニスをしたよ）といったやり取りで使うのであれば問題ありませんが、ふつうは I *played* tennis two weeks ago.（2週間前にテニスをした）などと語句を補って使うでしょう。

○ 2. I *was playing* tennis.［過去進行形］
　　（私はテニスをしていた）

過去進行形で表現すると「ずっと」のニュアンスが強調され、「1日中ずっとテニスをしていた」というイメージになります。

? 3. I *had played* tennis.［過去完了形］
　　（？私はずっとテニスをしていた）

過去完了形なので、過去のある時まで継続した動作を表わします。基準となる過去の時を加えて「雨が降り出した時」などとすれば、I *had played* tennis for two hours when it started to rain.（私は2時間テニスをしていたところで、雨が降り出した）とよりはっきりした表現になります。

? 4. I *had been playing* tennis.［過去完了進行形］
　　（？私はずっとテニスをしつづけていた）

状況がわかりにくい表現です。A: What were you doing before George got there?（ジョージがそこに着くまで何をしていたの？）B: I *had been playing* tennis for two hours.（2時間ずっとテニスをしていたよ）と会話の中で基準となる時（ジョージがそこに着くまで）がわかるなら、このフレーズを使うことも可能です。

会話でない場合、I *had been playing* tennis for two hours before I ate lunch.（昼食を食べるまで2時間ずっとテニスをしつづけていた）と I *had been ...ing ...* before ～（～するまで…しつづけていた）の構文を使うと自然な英語になります。「過去完了進行形は before とセットで使う」と覚えておきましょう。とはいえ、やはりネイティブなら、シンプルに I *played* tennis for two hours before I ate lunch. を使うと思います。あえて I *had been playing ...* を使うのは「ずっと…していたんだ」と強調したい時です。

? 5. **I've *played* tennis.**［現在完了形］
　　（？私はずっとテニスをしている）

　やや不親切な表現です。文法的に問題ありませんが、ネイティブの感覚からすると、このような現在完了形の使い方は、ややもったいぶって聞こえます。また、I've ... ではなく I have ... と表現することも可能ですが、あえて短縮せずに言うと「私は2時間ずっとテニスをしているんだ」と威張っているようなニュアンスになります（112ページ参照）。

○ 6. **I've *been playing* tennis.**［現在完了進行形］
　　（私はずっとテニスをしつづけている）

　わざわざ現在完了進行形を使って表現すると、「（ずっと…しつづけている）だから～だ」と何かを決意した表現のように聞こえます。I've been playing tennis for two hours, so I'd like to take a break.（2時間ずっとテニスをしつづけているから休憩したい）などと言いたい時に使えるでしょう。

🔍 **Q36**　（　）に「自然な英語で、決まり文句としてもよく使われる」と思われるものには◎を、「自然な英語だが、使われる状況が限られる」と思われるものには○を、「英語としては正しいが、ネイティブは何か情報が欠けていると感じる」と思われるものには？を、「不自然な英語表現で、ネイティブはまず使わない」と思われるものには??を入れましょう。

（　）1. I *play* tennis.
（　）2. I'm *playing* tennis.
（　）3. I'll *play* tennis.
（　）4. I'll *be playing* tennis.
（　）5. I *will have played* tennis.
（　）6. I *will have been playing* tennis.

> 🔒 ネイティブはこう判断する

◎ 1. I *play* tennis.［単純現在形］
　（私はテニスをする）

　単純現在形にもさまざまな用法がありますが、日常会話で使う場合ほぼ「習慣」を表わすと考えていいでしょう。そのため What do you do after school?（放課後は何をするの？）と聞かれたら、ふつうはこのように答えるでしょう。ただし I *play* tennis.（テニスをします）のみでは返事として不親切なため、ネイティブなら I *play* tennis with my friends.（友だちとテニスをします）や I *play* tennis twice a week.（週に2回テニスをします）など副詞表現を添えるのが一般的です。

◎ 2. I'*m playing* tennis.［現在進行形］
　（私はテニスをしている）

　携帯電話のように相手が見えない状況で、What are you doing now?（今何をしてるの？）と聞かれたら、このように答えるでしょう。

○ 3. I'*ll play* tennis.［単純未来形］
　（テニスをするよ）

　I will ... には、単純な未来の意味だけでなく「（たとえ何があっても絶対に）…します」という堅い意志が含まれます（27, 94ページ参照）。単に未来の予定を言うなら、I'*m going to play* tennis tomorrow.（明日テニスをすることになっています）と be going to ... を使って表現しましょう。

? 4. I'*ll be playing* tennis.［未来進行形］
　（?テニスをしているところだよ）

　未来の「いつのことか」がわかる時間の副詞表現を添えるといいでしょう。未来進行形を使うと、「1日中ずっと」何かをしているイメージになります。play でも問題ありませんが、I'*ll be working* tomorrow.（明日1日中働いています）や I'*ll be fishing* tomorrow.（明日1日中釣りをしています）のように work や fish といったある程度時間の経過が感じられる動詞であれば、無理

なく理解してもらえます。

? 5. I *will have played* tennis.［未来完了形］
　　　（？私はテニスをしているだろう）

　このままでは不自然ですが、I *will have played* tennis for two hours if I play for 15 more minutes.（あと15分テニスをしたら、私は2時間テニスをしていることになる）のように語句を補えば、自然な表現になります。ただしネイティブなら、*If* I play tennis for 15 more minutes, it'*ll be* two hours.（あと15分テニスをしたら2時間になるな）とシンプルに表現するでしょう。

? 6. I *will have been playing* tennis.［未来完了進行形］
　　　（？私はテニスをしつづけているだろう）

　I *will have been playing* tennis for two hours by the time you arrive.（あなたが着くまでに私は2時間テニスをしつづけているだろう）のように語句を補えば、自然な表現になります。ただしネイティブなら、I'*ll play* tennis for the two hours before you arrive.（あなたが着くまでに2時間テニスをするよ）とシンプルに表現するでしょう。for two hours before you arrive でも特に問題ありませんが、for the two hours と限定すれば「（到着する）直前の2時間」だと明確に伝わります。

19 | start （…を始める）

そもそも start という動詞は、瞬間的な行為や動作を表現します。「始める」「出発する」という動作にそれほど時間がかかるとは思えません。では、この動詞をさまざまな時間幅のある時制表現とともに用いるとどうなるでしょうか？

Q37　（　）に「自然な英語で、決まり文句としてもよく使われる」と思われるものには◎を、「自然な英語だが、使われる状況が限られる」と思われるものには〇を、「英語としては正しいが、ネイティブは何か情報が欠けていると感じる」と思われるものには？を、「不自然な英語表現で、ネイティブはまず使わない」と思われるものには ?? を入れましょう。

（　）1. He *started* two companies.
（　）2. He *was starting* two companies.
（　）3. He *had started* two companies.
（　）4. He *had been starting* two companies.
（　）5. He *has started* two companies.
（　）6. He *has been starting* two companies.

🔒 ネイティブはこう判断する

◎　1. He *started* two companies. ［単純過去形］
　　　（彼は２つの会社を始めた）

自然な英語です。He *started* two companies before I met him.（知り合う前に、彼は２つの会社を立ち上げた）などとさらに説明を加えてもいいでしょう。

？　2. He *was starting* two companies. ［過去進行形］
　　　（？彼は２つの会社を始めているところだった）

when で始まる副詞表現を補って、He *was starting* two companies when

I met him.（知り合った時、彼は２つの会社を立ち上げているところだった）などとすると、より明確になります。

? 3. He *had started* two companies.［過去完了形］
（？彼はずっと２つの会社を始めていた）

やや不親切な文のため、内容がより明確になる副詞表現を加えるといいでしょう。He *had started* two companies before I met him.（知り合うまでに、彼は２つの会社を立ち上げていた）と表現することも可能です。過去完了形の場合「その後も会社を作った」というニュアンスが含まれます。

?? 4. He *had been starting* two companies.［過去完了進行形］
（？彼はずっと２つの会社を始めつづけていた）

? 5. He *has started* two companies.［現在完了形］
（？彼は２つの会社を始めていた）

He *has* (already) *started* two companies, and he's not even 21 yet.（彼は［すでに］２つの会社を始めているが、まだ21歳にすらなっていない）のように言葉を補うと、よりわかりやすくなるでしょう。ただし、１の単純過去形と似たニュアンスになるので、ネイティブならわざわざ現在完了形を使わず、単純過去形を使うでしょう。

? 6. He *has been starting* two companies.［現在完了進行形］
（？彼はずっと２つの会社を始めつづけている）

まず使うことのない不自然な英語です。一般的に、start は瞬間的な動作を表わすため、現在完了進行形には合いません。しかし He *has been working* at two companies.（彼は２つの会社で働きつづけている）のように、ある程度時間の経過が感じられる動詞とは非常に相性がいいようです。

Q38 （　）に「自然な英語で、決まり文句としてもよく使われる」と思われるものには◎を、「自然な英語だが、使われる状況が限られる」と思われるものには〇を、「英語としては正しいが、ネイティブは何か情報が欠けていると感じる」と思われるものには？を、「不自然な英語表現で、ネイティブはまず使わない」と思われるものには??を入れましょう。

(　) 1. He *starts* two companies.
(　) 2. He's *starting* two companies.
(　) 3. He'll *start* two companies.
(　) 4. He'll *be starting* two companies.
(　) 5. He *will have started* two companies.
(　) 6. He *will have been starting* two companies.

🔒 **ネイティブはこう判断する**

? 1. He *starts* two companies.［単純現在形］
(？彼は２つの会社を始める)

習慣を表わしますが不自然な英語です。ただし語句を補い、**He *starts* two companies at a time.**（彼は２つの会社を同時に立ち上げる［それが彼のやり方だ］）とすれば使えなくもありません。とはいえ、かなり限定的な使い方になります。

◎ 2. He's *starting* two companies.［現在進行形］
(彼は今、２つの会社を始めているところだ)

「まさに今…している最中だ」というリアルな状況を表わします。

〇 3. He'll *start* two companies.［単純未来形］
(彼は２つの会社を始めるよ)

一応、英語としては自然です。ただし、**He'll ...**（彼は…するだろう）には「現在の状況から考えて」という含みがあるため、ちょっと不思議なニュアンスではあります。未来のことなら、**He's going to ...**（彼は…する予定だ）や **He's** *planning on ...*（彼は…を計画している）と表現するほうが一般的です。

? 4. He*'ll be starting* two companies.［未来進行形］
（? 彼は２つの会社を始めているところだよ）

He*'ll be starting* two companies next month, so I'm sure he'll be busy.（彼は来月２つの会社を始めるだろうから、間違いなく忙しくなる）と言えば、自然な表現になります。しかし、ネイティブなら、He*'s going to start* two companies next month, so I'm sure he'll be busy.（彼は来月２つの会社を始める予定だから、間違いなく忙しくなる）と、*be going to ...*（…する予定だ）を使うでしょう。

? 5. He *will have started* two companies.［未来完了形］
（? 彼はずっと２つの会社を始めているだろう）

He *will have started* two companies by this time next year.（来年のこの時期までに、彼は２つの会社を始めているだろう）とすれば、自然な表現になります。しかし、これも He*'s going to start* two companies within the next year.（彼は来年中に２つの会社を始める予定だ）と表現したほうが自然だとネイティブは考えます。

?? 6. He *will have been starting* two companies.［未来完了進行形］
（? 彼はずっと２つの会社を始めつづけているだろう）

20 | stop（止まる）

「物」を主語にすること（無生物主語）を躊躇する人がいますが、バスや電車のような無生物を主語にすると非常に生き生きとした表現になるため、ネイティブはよく使います。stopは本来「瞬間の動作」ですが、完了形で用いられると「止まっている状態」を表わすことに注意してください。

Q39 （　）に「自然な英語で、決まり文句としてもよく使われる」と思われるものには◎を、「自然な英語だが、使われる状況が限られる」と思われるものには〇を、「英語としては正しいが、ネイティブは何か情報が欠けていると感じる」と思われるものには？を、「不自然な英語表現で、ネイティブはまず使わない」と思われるものには？？を入れましょう。

(　) 1. The bus *stopped*.
(　) 2. The bus *was stopping*.
(　) 3. The bus *had stopped*.
(　) 4. The bus *had been stopping*.
(　) 5. The bus *has stopped*.
(　) 6. The bus *has been stopping*.

🔒 ネイティブはこう判断する

◎ 1. The bus *stopped*. ［単純過去形］
　　（バスが止まった）

よく使われる表現ですが、改めて考えるとネイティブでも不思議に思う英語です。まるでバスが意志を持ち、自発的に止まったイメージになります。**The rain stopped.**（雨がやんだ）ならともかく、バスはそもそも人間が止めるものだから受動態にすべきでは？（なんて考えたらキリがありませんね！）「バスが止まった」という過去の事実を述べるなら、これで問題ありません。

◯ 2.　The bus *was stopping*.［過去進行形］
　　　（バスが止まりかけていた）

　The bus *was stopping* when you called me.（きみから電話をもらった時、バスが止まりかけていた）なら文法的にも問題ないですが、まず使うことはありません。多くのネイティブは、The bus *was* almost *stopped* when you called me.（きみから電話をもらった時、バスはほぼ止まっていた）や、The bus *was slowing* down (and getting ready to stop) when you called me.（きみから電話をもらった時、バスは速度を落としていた［そして止まりかけていた］）と言うでしょう。

◯ 3.　The bus *had stopped*.［過去完了形］
　　　（バスが止まっていた）

　このままでは状況が曖昧ですが、語句を補って The bus *had* (already) *stopped* when you called me.（きみが電話をくれた時、バスは［すでに］止まっていた）とすれば、自然な英語になります。

?? 4.　The bus *had been stopping*.［過去完了進行形］
　　　（？バスは止まりつづけていた）

◯ 5.　The bus *has stopped*.［現在完了形］
　　　（バスが止まっている）

　バスは「今止まった」のではなく、「すでに止まっている」状態を表わします。The bus *has* (already) *stopped*, so let's get off.（バスが［すでに］止まっているから、降りよう）なら日常的によく使うフレーズになります。

? 6.　The bus *has been stopping*.［現在完了進行形］
　　　（？バスがずっと止まりつづけている）

　不自然な英語になります。最初に述べたように stop が完了形で使われると「止まっている状態」を表わす上に、has been ...ing に「長い間」というニュアンスがあるため、やや意味が重なっている感じになってしまいます。

Q40 （　）に「自然な英語で、決まり文句としてもよく使われる」と思われるものには◎を、「自然な英語だが、使われる状況が限られる」と思われるものには〇を、「英語としては正しいが、ネイティブは何か情報が欠けていると感じる」と思われるものには？を、「不自然な英語表現で、ネイティブはまず使わない」と思われるものには ?? を入れましょう。

(　) 1. The bus *stops*.
(　) 2. The bus *is stopping*.
(　) 3. The bus *will stop*.
(　) 4. The bus *will be stopping*.
(　) 5. The bus *will have stopped*.
(　) 6. The bus *will have been stopping*.

🔒 ネイティブはこう判断する

？　1. The bus *stops*.［単純現在形］
（？バスが止まる）

これだけでは、いまひとつ状況がわかりにくいです。しかし、**The bus *stops* in front of my house.**（[いつも]うちの前でバスが止まる）のように語句を補えば、「習慣」を表わす自然な英語になります。

◎　2. The bus *is stopping*.［現在進行形］
（バスは止まりかけている）

このままでもよく使いますが、**The bus *is stopping* now.** と now を補えば「バスが今、止まるところだ」と、より状況が明確になります。

〇　3. The bus *will stop*.［単純未来形］
（バスは止まるだろう）

The bus *will stop* in a few minutes.（数分でバスが止まるだろう）などと副詞表現を補えば、自然な英語になります。

○ 4. The bus *will be stopping*.［未来進行形］
　　　（バスは止まりつつあるだろう）

　これもまた The bus *will be stopping* in a few minutes.（数分内にバスは止まりつつあるだろう）とすれば英語として自然です。ただし回りくどい表現になるため、多くのネイティブはシンプルに The bus *will stop* in a few minutes. と単純未来形で表現するでしょう。

? 5. The bus *will have stopped*.［未来完了形］
　　　（?バスはずっと止まっているだろう）

　The bus *will have stopped* by the time you call me.（あなたから電話をもらう頃には、バスは止まっているだろう）と表現できなくもありませんが、まず使わない言い回しです。多くのネイティブは、The bus *will stop* by the time you call me.（あなたが電話をくれるまでに、バスは止まるだろう）と表現するでしょう。

?? 6. The bus *will have been stopping*.［未来完了進行形］
　　　（?バスはずっと止まりつづけているだろう）

21 | give up on（…に見切りをつける）

最後に、句動詞と時制の用法を1つだけ見てみましょう。give up on youは、状況によって「まだあなたのことが好きだけど、あなたが私を好きになることはないから、見切りをつけて先に進むわ」という意味になります。歌詞などでは、このニュアンスで非常によく使われます。この表現と時制の用法の相性を考えてみましょう。

Q41 （　）に「自然な英語で、決まり文句としてもよく使われる」と思われるものには◎を、「自然な英語だが、使われる状況が限られる」と思われるものには〇を、「英語としては正しいが、ネイティブは何か情報が欠けていると感じる」と思われるものには？を、「不自然な英語表現で、ネイティブはまず使わない」と思われるものには？？を入れましょう。

（　）1. I *gave up on* you.
（　）2. I *was giving up on* you.
（　）3. I *had given up on* you.
（　）4. I *had been giving up on* you.
（　）5. I*'ve given up on* you.
（　）6. I *have been giving up on* you.

ネイティブはこう判断する

◎ 1. I *gave up on* you. ［単純過去形］
　　（あなたに見切りをつけた）

とっくの昔に見切りをつけた、断念したというイメージになります。「あなたにはもう期待しない」というニュアンスが強くなります。これは定番表現です。

〇 2. I *was giving up on* you. ［過去進行形］
　　（あなたに見切りをつけようとしていた）

やや限定的ですが、「見切りをつけていたのに、何かのきっかけで見切りを

つけなくてもよくなった」という状況で使います。I *was giving up on* you, but then you told me you loved me.（あなたに見切りをつけていたのに、その後あなたは私を愛していると言ってくれた）なら自然です。

○ 3. I *had given up on* you.［過去完了形］
（あなたにずっと見切りをつけていた）

やや限定的ですが、「完全に見切りをつけていたのに、何かのきっかけでまた好きになった」という状況で使えます。I *had given up on* you, but then you told me you loved me.（あなたにずっと見切りをつけていたのに、その後あなたが私を愛していると言ってくれた）なら自然です。

?? 4. I *had been giving up on* you.［過去完了進行形］
（？あなたに見切りをつけつづけていた）

◎ 5. I've *given up on* you.［現在完了形］
（あなたに見切りをつけている）

過去から現在までつづく「見切りをつけている」感情を表わします。「あなたのことはもう見切りをつけているから、今さら何をしても無駄」というニュアンスが含まれます。

? 6. I *have been giving up on* you.［現在完了進行形］
（？あなたにずっと見切りをつけつづけている）

どのような状況か想像できないため、英語として不自然です。

🔍 Q42 　（ 　）に「自然な英語で、決まり文句としてもよく使われる」と思われるものには◎を、「自然な英語だが、使われる状況が限られる」と思われるものには○を、「英語としては正しいが、ネイティブは何か情報が欠けていると感じる」と思われるものには？を、「不自然な英語表現で、ネイティブはまず使わない」と思われるものには??を入れましょう。

( ) 1. I *give up on* you.

( ) 2. I'*m giving up on* you.

( ) 3. I'*ll give up on* you.

( ) 4. I'*ll be giving up on* you.

( ) 5. I'*ll have given up on* you.

( ) 6. I'*ll have been giving up on* you.

🔒 ネイティブはこう判断する

○ 1. I *give up on* you.［単純現在形］
　　（あなたに見切りをつける）

　I can't believe you said that! I *give up on* you!（そんなことを言うなんて、あなたが信じられない！ あなたに見切りをつける！）などと現在の感情を表現し、「(この関係は) もうダメ」と宣言するニュアンスも含みます。

◎ 2. I'*m giving up on* you.［現在進行形］
　　（あなたに見切りをつけている）

　今進行中の感情や、ある程度継続する感情を表わします。「あなたに見切りをつけています（もう待ちません）」と自分に言い聞かせるようなニュアンスにもなるでしょう。

? 3. I'*ll give up on* you.［単純未来形］
　　（？あなたに見切りをつけることにするよ）

　I'*ll give up on you* のあとに if ... をつづければ、自然な文になります。 I'*ll give up on* you if you don't stop lying.（嘘をつくのをやめないと、あなたに見切りをつけるわ）や I'*ll give up on* you if you say that again.（そんなことをまた言うなら、あなたに見切りをつけるわ）などと表現するといいでしょう。

?? 4. I'*ll be giving up on* you.［未来進行形］
　　（？あなたに見切りをつけているところだよ）

? 5. I'll have given up on you.［未来完了形］
　　　　（？あなたに見切りをつけているだろう）

　このままでは不自然です。If you move for work, I'll have given up on you by the time you return.（あなたが仕事で引っ越したら、戻るまでにあなたに見切りをつけているでしょう）などと語句を補えば自然な表現になります。

?? 6. I'll have been giving up on you.［未来完了進行形］
　　　　（？あなたに見切りをつけつづけているだろう）

CHAPTER 3

【3章】
時制と副詞表現の相性

HOW TO USE TIME OBJECTIVES

yesterday
now
tomorrow
someday
soon
never
ever
just
already
yet
for
since
ago
always
often
usually
once
before
again
almost

1，2章でもたびたび触れましたが、時制と副詞表現は密接な関係にあります。時制のみでは曖昧な文も、副詞表現を添えることで、文意が明確になることはよくあります。
　たとえば、問題集などにときどきある I *play* tennis.（私はテニスをやります）という文を見ると、ネイティブは何か情報が欠けているように感じます。なぜかといえば、I *play* tennis. のみで使う状況はまずありえないと思えるからです。日常会話であれば、I *play* tennis on Sundays.（私は日曜日にテニスをします）や、I *play* tennis with my friends.（友だちとテニスをします）など、より状況を明確にする副詞表現が一緒に使われるはずです。
　そして、ここで問題になるのが「時制と副詞表現の相性」です。文の内容にもよりますが、時制によって「使える副詞表現／使えない副詞表現」があります。
　たとえば現在完了形は「過去から現在に至る動作・状況を表現する」ため、「過去のみを表わす副詞表現」と一緒に使うことはできません。おもな例を挙げてみましょう。

▼ 現在完了形とともに使えない副詞表現　※過去の特定の時を表わす。

> yesterday（昨日）, the day before yesterday（一昨日）, just now（今しがた）, last ...（先…[先週、先月など]）, ... ago（…前[2日前、2カ月前など]）, 年月日などの具体的な数字など

　一方、「過去から現在までを含む副詞表現」ならば、現在完了形とともに使うことができます。

▼ 現在完了形とともに使える副詞表現　※現在（まで）を表わす。

> lately/recently（最近）, so far（これまで）, today（今日）, this ...（今…[今週、今月など]）, for ...（…の間[3日間、1年間など]）, these ...（ここ…の間[ここ数日、ここ数年など]）, all *one's* life（…の生涯）など

　また、現在完了形と「相性のよい表現」として、文意を明確にするためによく使われる語もあります。

▼ 現在完了形とともに使える副詞表現　※完了表現にニュアンスを加える。

> already（すでに、もう）, just（ちょうど）, yet（もう、まだ）, before（以前に）, since（…以来）, ever（今までに）, never（一度も…ない）, often（しばしば）, once（一度）, sometimes（ときどき）など

　あくまでこれは現在完了形との関係だけであって、過去完了形や未来完了形では異なります。「口語では OK だが、フォーマルな場合は NG」など例外も多数あり、すべてを規則化することはできないでしょう。

　そのため、本章では日常的に使う例文を元に、代表的な副詞と時制の 12 の用法（単純過去形、過去進行形、過去完了形、過去完了進行形、単純現在形、現在進行形、現在完了形、現在完了進行形、単純未来形、未来進行形、未来完了形、未来完了進行形）の相性を比較してみました。
　同じ時制と副詞の組み合わせでも、文によって「自然な英語になる場合／不自然な英語になる場合」があります。そのため一概に「この時制にこの副詞は使えない」と明言できませんが、参考にはなるでしょう。
　できるだけ日常的に使う英文を例に挙げましたので、時制感覚を身につけるのに役立ててください。

　基本的に、英語として違和感のない◎、〇の表現を中心に例として挙げましたが、注意すべきものに限って？も紹介しています（◎、〇、？の順）。

> ＜記号の見方＞
> ◎　自然な英語で、よく使われる。
> 〇　ほぼ英語として問題ないが、それほど使われない。
> ？　不自然な英語表現、もしくはまず使われない。
>
> ※？を付けた例文はその不自然さを理解してもらうため、同じように「？」を付けて訳文を添えました。

1 | yesterday （昨日）

　基本的に「過去の特定の時」を表わす副詞のため、単純過去形との組み合わせが最適です。ただし過去とはいえ、過去完了形、過去完了進行形では不自然になることに注意しましょう。

◎ It *rained* yesterday. （昨日雨が降った）［単純過去形］

　過去のある時（昨日）を表わす副詞のため、おもに**単純過去形**で使われます。「単純過去形＋yesterday」（昨日…した）は非常に相性がよく、自然な英語表現になります。

◎ It *was raining* yesterday. （昨日雨が降っていた）［過去進行形］

　過去のある時（昨日）を表わす副詞のため、過去進行形でも使われます。「**過去進行形＋yesterday**」（昨日…していた）も相性がよく、自然な英語になります。

　それ以外の時制には、基本的にyesterdayは使えません。ただし、過去完了進行形には、yesterdayではなく **the previous day**（前日）であれば、使えます。

◎ It *had been raining* the previous day, so the ground was still wet.
　（前の日はずっと雨が降っていたので、グラウンドはまだ湿っていた）［過去完了進行形］

　以下、不自然な英語表現ですが、注意してほしい例を紹介します。

? It *had rained* yesterday. （？昨日雨が降っていた）［過去完了形］

　この過去完了形の文は不自然ですが、**If it *had rained* yesterday, I would have taken my umbrella.** （昨日雨が降っていたら、傘を持っていったのに）のように仮定法であれば使えます。

? It *had been raining* yesterday. (？昨日までずっと雨が降りつづけていた)
　［過去完了進行形］

　過去完了進行形の文に yesterday は使えません。ただし、yesterday ではなく the previous day（前日）なら使えます。

2 | now（今）

　「現在」を表わす副詞のため、基本的に過去形や未来形では使えません。では、現在形ならすべての用法で使えるのかというと、はっきりそうとは言い切れません。It's *raining* now. のように「今…している」を表わす現在進行形なら自然ですが、それ以外の時制ではあまり使えないようです。

◎　It's *raining* now.（まさに今、雨が降っている）［現在進行形］

　「現在進行形＋now」（今…しているところだ）は非常に相性がよく、自然な英語になります。It's *raining*. だけより、It's *raining* now. と now を付けたほうが英語としても自然です。

?　It *has rained* now.（？もう雨が降っている）［現在完了形］

　不自然な英語ですが、限定的に次のような状況なら OK でしょう。外出するつもりが、なかなか奥さんの支度ができない。ふと外を見たら「もう雨が降っているじゃないか…」というような時です。You've *made* a big mistake now.（いま大きな間違いをしたね）なども自然な英語になります。

?　It *rains* now.（？今、雨が降っている）［単純現在形］

　不自然な英語です。ただし、たとえば映画を演出していて「『今、雨が降っている』という設定で…」と説明するような、かなり限定的な状況であれば OK でしょう。

3 | tomorrow （明日）

「未来」を表わす副詞のため、基本的に使える時制は単純未来形に限られます。「未来のある時（明日）」と限定しているため、「未来」とはいえ未来完了形や未来完了進行形では使えません。

◎ It *will rain* tomorrow.（明日は雨が降るだろう）［単純未来形］

「単純未来形＋tomorrow」（明日…するだろう）は非常に相性がよく、自然な英語になります。「明日」といっても1日中か一定の時間かは曖昧で、わりとおおざっぱな表現としてネイティブは使います。It *will rain* all day tomorrow.（明日は1日中雨が降るでしょう）や、It'*ll rain* in the morning tomorrow.（明日の午前に雨が降るよ）のように言うと、より具体的になるでしょう。また、It *will rain* tomorrow, so we don't need to water the garden.（明日は雨が降るから、庭の植物に水をやる必要はない）などと使うことも可能です。

◎ It *will be raining* tomorrow.（明日は雨が降っているでしょう）［未来進行形］

「未来進行形＋tomorrow」（明日…しているだろう）の組み合わせも、自然な英語になります。明日の具体的な時間を想定しながら発言しているイメージです。

A: We'll go to the event at 12:30 tomorrow.（明日は12時半にそのイベントへ行くよ）
B: Well, it'*ll be raining* tomorrow.（ああ、でも明日［のその時間］は雨が降っているだろう）

このように未来進行形を使う場合は、文脈の前後で時間が指定されることが多いようです。
以下、不自然な英語表現ですが、注意してもらいたい例を紹介します。

? It *rains* tomorrow.（？明日は雨だ）［単純現在形］

英語としては正しくありませんが、ネイティブは口語で「明日は雨だ」と単純現在形の未来用法の意味で使うことがあります。

? It's *raining* tomorrow.（？明日は雨が降ることになっている）［現在進行形］

　これも英語としては正しくありませんが、ネイティブは口語で「明日は雨が降ることになっている」と現在進行形の未来用法の意味で使うことがあります。

? It *will have rained* tomorrow.（？明日は雨が降っているだろう）［未来完了形］

　はじめに述べたように、tomorrow は未来完了形に使えません。It *will have rained* by the time I get there.（私がそこへ着くまでに雨は降っているでしょう）なら文法的に正しいですが、ふつうネイティブなら It's *going to rain* by the time I get there tomorrow.（明日、私がそこへ着くまでに雨は降っているでしょう）と言うでしょう。

? It *will have been raining* tomorrow.（？明日は雨が降りつづけているだろう）
［未来完了進行形］

　このままでは不自然ですが、It *will have been raining* for a long time by the time I get there tomorrow.（明日、私がそこへ着くまでに長い間、雨が降りつづけているでしょう）とすれば、理解してもらえます。ただし、ネイティブならやっぱり It's *going to rain* by the time ... と言うでしょう。

4 ｜ someday （いつか）

　漠然とした「未来のある時」を指す言葉で、基本的に単純未来形で使われます。未来を表わすため、過去や現在の時制では使えません。また「いつか」と曖昧な時を指すため完了形や進行形でも使えず、かなり限定的な用法となります。

◎ It *will rain* someday.（いつか雨が降るだろう）［単純未来形］

　「単純未来形＋ someday」（いつか…するだろう）は非常に相性がよく、自然な英語になります。

5 | soon （まもなく、すぐ）

「あまり時間が経たないうちに」と、基準となる時から未来の時を意味します。そのため特に単純未来形や〈be going to ＋原形動詞〉と相性がいいようです。

◎ It *will rain* soon. （すぐに雨が降るだろう）［単純未来形］

「単純未来形［あるいは〈be going to ＋原形動詞〉］＋ soon」（すぐに…するだろう）の相性は非常によく、自然な英語になります。

◎ It *will be raining* soon. （すぐに雨が降るだろう）［未来進行形］

単純未来形よりも、口語的なニュアンスになります。

以下、不自然な英語表現ですが、注意していただきたい例を紹介します。

? It *rained* soon. （？すぐに雨が降った）［単純過去形］

このままの形ではやや不自然ですが、It *rained* soon after we arrived. （私たちが到着したらすぐに雨が降った）のように使うことは可能です。

? It *rains* soon. （？いつもすぐに雨が降る）［単純現在形］

このままの形ではやや不自然ですが、It (always) *rains* soon after the sun goes down. （［いつも］日が沈むとすぐに雨が降る）のように使うことは可能です。

過去や現在の時制のほか、未来でも未来完了形や未来完了進行形ではほとんど使われることはないと思います。

6 | never（一度も…ない、決して…ない）

　単なる not よりも強い否定を意味します。「経験がない」ことを表わす副詞で、完了形とは相性がいいです。ただし、未来完了形で使うことはまずないでしょう。完了形以外では、単純現在形や単純未来形でも使われます。一般動詞の場合はその前に、be 動詞や助動詞がある場合はそのあとに置きます。**be going to** とともに使う時は **be never going to** の語順になります。

◎ I never *play* baseball.（私は決して野球をやらない）[単純現在形]

　「never ＋単純現在形」（[決して]…しない）も非常に相性がよく、自然な英語になります。この場合、経験の有無を表わす「一度も…ない」ではなく、強い否定を表わす「決して…ない」の意味になります。

◎ I*'ve* never *played* baseball.（私は今まで一度も野球をしたことがない）[現在完了形]

　「never ＋現在完了形」（一度も…したことがない）は非常に相性がよく、自然な英語になります。さらに強調する場合、ネイティブはよく I've never *played* baseball in my life.（私は生涯で一度も野球をしたことがない）と、in *one's* life（…の人生で）を添えます。

◎ I*'ll* never *play* baseball.（絶対に野球はやらないよ）[単純未来形]

　「単純未来形［あるいは〈be going to ＋原形動詞〉］＋ never」（絶対に…しないだろう）は相性がよく、強い否定を表わします。I will never play ... とすれば、「決して…をやりません」と断固たる拒否を表わせます。

○ I had never played baseball.（私はそれまで野球をしたことがなかった）[過去完了形]

　そもそも過去完了形は「（その過去の状況と）その時点の過去は違う」というニュアンスを含みます。そのためこの文も、I had never played baseball before I played with you last week.（先週きみと野球をするまで、このスポー

ツをしたことがなかった）と表現すれば自然です。ただしこれもネイティブなら、When we *played* baseball last week, it was my first time.（先週野球をしたのが私にとって初めてだった）と単純過去形を使って言うでしょう。

○ I'm never *playing* baseball.（二度と野球はしない）［現在進行形］

くだけた言い回しですが、again を付けて I'm never *playing* baseball again.（もう二度と野球はやらない）とすれば、英語として自然です。「never＋現在進行形＋again」（もう二度と…はしない）で強い決意を表わします。I'm never *going to play* baseball again. とほぼ同じですが、I'm never *playing* ... のほうがよりカジュアルです。

? I never *played* baseball.（?私は野球を一度もしなかった）［単純過去形］

通じなくもありませんが、文法的に正しくありません。「私は今まで一度も野球をしたことがない」のつもりで I never *played* baseball before. と言う人がいますが、これも NG です。この場合、現在完了形を使い、I've never *played* baseball before. とすれば、自然な英語になります。

過去進行形や過去完了進行形、現在完了進行形、未来進行形、未来完了形、未来完了進行形で使われることは、ほとんどないと思います。

7 | ever（かつて［…ない］、いつか）

疑問文なら「かつて、いつか」、否定文なら「かつて（…ない）、決して（…ない）」、また as ever（相変わらず），ever since（…以来）など、さまざまな「経験」を表わす副詞です。現在完了形とともに用い、一般動詞の場合はその前に、be 動詞や助動詞がある場合はそのあとに置きます。

◎ *Have* you ever *played* baseball?（今までに野球をしたことはありますか？）
　［現在完了形］

「現在完了の疑問形＋ever」（今までに…をしたことはありますか？）は非常に相性がよく、これまでの経験をたずねる表現になります。

現在完了形以外で使われることは、ほとんどないと思います。

8 ｜ just（ちょっと、ちょうど）

「間近に起こったこと」や「微妙なニュアンス」を表わす副詞です。日本語の「ちょうど」や「ちょっと」「さっと」のような感覚で、ネイティブも言葉の端々で非常によく使います。さまざまな時制と相性がよいですが、完了進行形には使われません。通常、動詞の前に（助動詞もある場合は助動詞と動詞の間に）置きます。

◎ I *was* just *finishing* my homework.（ちょっと［ちょうど］宿題を終わらせようとしていた）［過去進行形］

「just＋過去進行形」（ちょっと［ちょうど］…していた）は相性がよく、自然な英語になります。過去のある時点で進行中の動作を表わします。I *was* just *finishing* my homework when you called me.（電話をくれた時、ちょっと［ちょうど］宿題を終わらせようとしていた）のように基準となる時がわかる副詞表現をつづけると、さらに文が明確になります。

◎ I *had* just *finished* my homework.（ちょっと［ちょうど］宿題を終えたところだった）
　［過去完了形］

「just＋過去完了形」（ちょっと［ちょうど］…したところだった）は相性がよく、自然な英語になります。過去のある時点で完了した動作を表わします。過去進

行形と同様に、I *had* just *finished* my homework when you called me.（電話をくれた時、ちょっと［ちょうど］宿題を終えたところだった）のように基準となる時がわかる副詞表現をつづけると、さらに文が明確になります。

◎ I'*m* just *finishing* my homework.（ちょっと［ちょうど］今宿題を終わらせているところだ）［現在進行形］

「just＋現在進行形」（ちょっと［ちょうど］今…しているところだ）は相性がよく、自然な英語になります。まさに今、動作が進行している最中であることを表わす際によく just を用います。たとえば I'*m* just *finishing* my homework now, so I can leave in about five minutes.（ちょっと［ちょうど］今宿題を終わらせているところだから、あと約5分で出発できる）などと、「ちょっと［ちょうど］今…しているところだから…」と説明したりするのに便利です。

◎ I'*ve* just *finished* my homework.（ちょっと［ちょうど］宿題を終えたところだ）［現在完了形］

「just＋現在完了形」（ちょっと［ちょうど］…したところだ）は相性がよく、まさに今終えたばかりの動作を表わします。

◎ I'*ll* just *finish* my homework.（ちょっと宿題を終えるよ）［単純未来形］

「単純未来形＋just」（ちょっと…するよ）は相性がよく、未来の動作に対して用います。I'*ll* just *finish* my homework tonight, and then I won't have to do it on the weekend.（今晩ちょっと宿題を終えるから、そうしたら週末宿題をやらずにすむ）など、「ちょうど…するから〜」という説明にも使えます。

○ I just *finished* my homework.（ちょっと［ちょうど］宿題を終えた）［単純過去形］

口語的な使い方であれば「just＋単純過去形」の言い方も理解してもらえますが、本来は I'*ve* just *finished* my homework. と現在完了形を使います。

? I just *finish* my homework.（?さっと宿題を終わらせる）［単純現在形］

このままでは状況がわかりにくいですが、語句を補えば自然に理解しても

らえます。Every day after school, I go to the library and just finish my homework.（毎日放課後、私は図書館へ通ってさっと宿題を終わらせる）や、I just finish my homework five minutes before class starts.（私は授業が始まる5分前にさっと宿題を終わらせる）というように、いつもしている「習慣」を言う時にネイティブはよく just を加えます。

? I'll just *be finishing* my homework.（？ちょっと［ちょうど］宿題を終えているところだろう）［未来進行形］

この未来進行形の文ではやや曖昧です。when 以下の副詞表現を補い、I'll just *be finishing* my homework when you get here.（あなたがここに着いた時、ちょっと［ちょうど］宿題を終えているところだろう）などとすれば明確になります。

? I *will have* just *finished* my homework.（？ちょっと［ちょうど］私は宿題を終えたところだろう）［未来完了形］

この未来完了形の文ではやや曖昧です。when 以下の副詞表現を補い、I *will have* just *finished* my homework when you get here.（あなたがここに着く時に、まさに私は宿題を終えている［終えるところ］だろう）などとすれば明確になります。

過去完了進行形、現在完了進行形、未来完了進行形で使われることは、ほとんどないと思います。

9 | already （すでに、もう）

　直近に起こったできごとに対して使うため、単純過去形や現在完了形と相性がいいようです。already は肯定文で用いますが、疑問文や否定文にする場合、この already ではなく yet を使います。過去に言及する語のため、未来の時制で使われることはまずないでしょう。

◎ I already *finished* my homework. （すでに宿題を終えた）［単純過去形］

　「already ＋単純過去形」（すでに…した）は非常に相性がよく、自然な英語になります。本来、現在完了形の I've already *finished* my homework. のほうがフォーマルで正しい英語ですが、この単純過去形も口語的に使われています。

◎ I've already *finished* my homework. （私はもう宿題を終えている）［現在完了形］

　「already ＋現在完了形」（もう…している）は非常に相性がよく、自然な英語になります。just なら「まさに今」ですが、それよりも前なら already を使うといいでしょう。

○ I *was* already *finishing* my homework. （私はすでに宿題を終わらせつつあった）
　［過去進行形］

　この過去進行形の文は、I *was* already *finishing* my homework when you arrived. （あなたが着いた時、私はすでに宿題を終わらせつつあった）といった文の省略形と考えられ、これもまた when 以下の副詞表現を補うと意味が明確になります。

○ I *had* already *finished* my homework. （私はすでに宿題を終わらせていた）
　［過去完了形］

　この過去完了形の文は、I *had* already *finished* my homework when you

arrived.（あなたが着いた時、私はすでに宿題を終わらせていた）といった文の省略形と考えられ、これもまた when 以下の副詞表現を添えると意味が明確になります。

　過去完了進行形、単純現在形、現在進行形、現在完了進行形で使われることは、ほとんどないと思います。

10 ｜ yet（まだ［…ない］、すでに、もう）

　直近に起こったできごとに対して使うため、現在完了形との組み合わせが最適となります。否定文では「まだ（…ない）」、疑問文では「すでに、もう」という意味になります。過去から現在までを含むニュアンスがあるため、過去や未来の時制で使われることはまずないでしょう。

◎　I *haven't finished* my homework yet.（私はまだ宿題を終わらせていない）
　［現在完了形］

　「現在完了の否定形＋ yet」（まだ…していない）は非常に相性がよく、自然な英語になります。「まだ」という副詞は「現在」を含むため、現在完了形が最適となるのです。

?　I *didn't finish* my homework yet.（? まだ宿題を終わらせなかった）［単純過去形］

　I *didn't finish* my homework (by then).（［その時までに］宿題が終わらなかった）なら OK ですが、この単純過去形の文に yet は使えません。

?　I *hadn't finished* my homework yet.（? まだ宿題を終えていなかった）［過去完了形］

　I *hadn't finished* my homework by then.（その時までに宿題を終えていなかった）なら OK ですが、この過去完了形の文に yet は使えません。

11 | for (…の間)

　for にはいろいろな意味がありますが、ここでは「…の間」と期間を表わす場合を見ていきましょう。おもに継続を表現し、さまざまな時制に使える前置詞です。ただ、進行形に使うと不自然に思えるかもしれません。**for a long time** や **for ... days** など、基本的にフレーズの一部として用いられます。

◎ It *rained* for two days.（2日間雨が降った）[単純過去形]

　「単純過去形＋ for」（…の間〜した）は相性がよく、動作や状態の継続を表わします。

◎ It *had been raining* for two days.（2日間雨が降りつづけていた）[過去完了進行形]

　「過去完了進行形＋ for」（…の間〜しつづけていた）は相性がよく、過去のある時点まで継続した動作や状態を表わします。It *had been raining* for two days, so everything was wet.（2日間雨が降りつづけていたのですべて濡れた）のように、「…しつづけていたので〜」と so 以下の理由を表わすこともできます。

◎ It *has rained* for two days.（2日間雨が降っている）[現在完了形]

　「現在完了形＋ for」（…の間〜している）は相性がよく、現在までの動作や状態の継続を表わします。It *has rained* for two days, so it's nice to finally see the sun.（2日間雨が降っているので、とうとう太陽が見られてうれしい）のように「…しているので〜」と so 以下の理由を表わすこともできます。

◎ It *has been raining* for two days.（2日間雨が降りつづけている）[現在完了進行形]

　「現在完了進行形＋ for」（…の間〜しつづけている）は相性がよく、現在までつづいている動作や状態の継続を表わします。It *has been raining* for two days and it will probably rain for another day.（2日間雨が降りつづけてい

るから、あと数日は降るだろう）のように「…しつづけているので～」と理由を表わすこともできます。

◎ It *will rain* for two days.（2日間雨が降るだろう）［単純未来形］

「単純未来形＋for」（…の間～するだろう）は相性がよく、未来の動作や状態の継続を表わします。

○ It *had rained* for two days.（2日間雨が降っていた）［過去完了形］

この文だけだとやや曖昧ですが、副詞表現を補って It *had rained* for two days by the time we reached the top of the mountain.（山の頂上に着くまで2日間雨が降っていた）などとすれば、無理なく理解してもらえます。

○ It *rains* for two days.（2日間雨が降る）［単純現在形］

この文だけだとやや曖昧ですが、It *rains* for two days every week.（毎週2日間雨が降る）のように習慣を表わす文なら OK です。

? It *will have rained* for two days.（? 2日間雨が降っているだろう）［未来完了形］

この文だけでは不自然ですが、副詞表現を補い It *will have rained* for two days before we reach the top of the mountain.（山の頂上に着くまでに2日間雨が降っているだろう）などとすれば無理なく理解してもらえます。

? It *will have been raining* for two days.（? 2日間雨が降りつづけているだろう）
［未来完了進行形］

この文だけだとやや曖昧ですが、副詞表現を補って It *will have been raining* for two days before we reach the top of the mountain.（山の頂上に着くまで2日間雨が降りつづけているだろう）などとすれば、無理なく理解してもらえます。

以下、不自然な英語表現ですが、注意してもらいたい例を紹介します。

? It's raining for two days. (？今、2日間雨が降りつづけている)［現在進行形］

通じなくもありませんが、ネイティブからすると It's ...ing には「今」というイメージがあるため、for two days との相性はいまひとつです (It's been raining for two days. であれば、問題ありません)。

? It will be raining for two days. (？2日間雨が降りつづけるだろう)［未来進行形］

この文だけだとやや曖昧ですが、副詞表現を補って It will be raining for two days before we reach the top of the mountain. (山の頂上に着くまでに2日間雨が降りつづけるだろう) などとすれば、問題なく理解してもらえます。

? It was raining for two days. (？2日間雨が降りつづけていた)［過去進行形］

不自然な英語です。It was ... という表現は「1つの（ことに対する）時間」をイメージさせるため、for two days（2日間）という期間を表わす表現とは結びつきません。

12 │ since (…以来、…からずっと)

動作や状態が始まる「過去の起点」を表わします。継続を表わす文であれば「…以来、…からずっと」、経験を表わす文の場合「…した時から」となり、完了形と相性のいい副詞です。ただし未来完了形で使うと、ちょっとくどい感じになると思います。

◎ It has rained since Monday. (月曜から雨が降っている)［現在完了形］

「現在完了形＋ since」(…から～している) は非常に相性がよく、自然な英語になります。

◎ It *has been raining* since Monday.（月曜からずっと雨が降りつづけている）
[現在完了進行形]

「現在完了進行形＋ since」（…からずっと〜しつづけている）は相性がよく、自然な英語になります。この表現をネイティブが聞くと、It *has been raining (constantly)* ...（絶えず雨が降りつづけている）と同じようなイメージをいだきます。

○ It *had rained* since Monday.（月曜から雨が降っていた）[過去完了形]

現在完了形であれば自然な英語ですが、過去完了形だとやや不親切な表現になります。月曜から水曜まで降った雨の話を、土曜日にしているようなイメージです。

○ It *had been raining* since Monday.（月曜から雨が降りつづけていた）
[過去完了進行形]

これもまた現在完了形であれば自然な英語ですが、過去完了進行形だとやや不親切な表現になります。

○ It *rained* since Monday.（月曜から雨が降った）[単純過去形]

口語でこのように言うネイティブもいますが、正しくは現在完了形で It *has rained* since Monday. と言うべきです。

以下、不自然な英語表現ですが、注意してもらいたい例を紹介します。

? It *will have rained* since Monday.（? 月曜からずっと雨は降っているだろう）
[未来完了形]

たとえば未来となる木曜日の話をしていて、「月曜から木曜までずっと雨は降っているだろう」と言っているような感じです。ただし、回りくどい表現となるため一般的ではありません。

? It *will have been raining* since Monday.（？月曜からずっと雨が降りつづけているだろう）［未来完了進行形］

It *will have been raining* (constantly)...（絶えず雨が降りつづけているだろう）というようなことを言おうとしていることはわかります。ただしこれも未来完了形同様に、回りくどい表現となるため一般的ではありません。

過去進行形、単純現在形、現在進行形、単純未来形、未来進行形で使われることは、ほとんどないと思います。

13 | ago（…前に）

「現在」を基準とし、それよりも過去を指す副詞です。そのため単純過去形と相性がよく、時間を表わす語句のあとに置いて「（今より）…前に」と、「時の起点」を表わします。過去に言及する語のため、現在や未来の時制で使われることはまずないでしょう。また、「…前に」と「具体的な時」を表わすため、完了形との相性もよくありません。

◎ It *rained* two days ago.（2日前に雨が降った）［単純過去形］

「単純過去形＋ago」（…前に〜した）は非常に相性がよく、自然な英語になります。two days ago は「現在から2日前」で、「現在が起点」となることに注意しましょう。

以下、不自然な英語表現ですが、注意してもらいたい例を紹介します。

○ It *was raining* two days ago.（2日前に雨が降っていた）［過去進行形］

本来なら単純過去形を使うべきですが、副詞表現を「現在」に近いものにして、It *was raining* two minutes ago.（ほんの2分前には雨が降っていた）な

どとすれば、自然な表現になります。これは ago が「現在」を基準とするため、ほぼ「現在」に含まれる two minutes ago（2分前）なら違和感なく使えるためでしょう。

14 | always （いつでも、常に、しょっちゅう、いつまでも）

頻度を表わす副詞です。「いつでも」という意味のため、習慣を意味することが多いでしょう。通常、一般動詞の前に置きますが、be 動詞や助動詞がある場合はそのあとに置きます。「ずっと…しつづけている」を表現する完了進行形とは、ニュアンス的に重複するため、相性はよくないようです。

◎ I always *played* baseball. （私はいつも野球をした）［単純過去形］

「always ＋単純過去形」（いつも…した）は相性がよく、自然な英語になります。過去の習慣を表わす際に、よく使われる表現です。

◎ I *was* always *playing* baseball. （私はしょっちゅう野球をしていた）［過去進行形］

「always ＋過去進行形」（しょっちゅう…していた）は相性がよく、自然な英語になります。進行形とともに always を使う場合、She *was* always *complaining*.（彼女はしょっちゅう文句ばかり言っていた）のように（42ページ参照）、ネガティブなニュアンスが含まれることがよくあります。

◎ I always *play* baseball. （私はいつも野球をする）［単純現在形］

「always ＋単純現在形」（いつも…する）は相性がよく、自然な英語になります。現在の習慣を表わす際に、よく使われる表現です。

◎ I'*m* always *playing* baseball. （私はしょっちゅう野球をしている）［現在進行形］

「always＋現在進行形」（しょっちゅう…している）は相性がよく、自然な英語になります。ただし、状況によって「いつも…している」と相手を責めるニュアンスも含まれますので注意しましょう（42ページ参照）。

◎ I've always *played* baseball. (私はいつも野球をしている)［現在完了形］

「always＋現在完了形」（いつも…している）は相性がよく、自然な英語になります。過去から現在までの習慣を表わす際に、よく使われる表現です。

○ I'll always *play* baseball. (私はいつも野球をするよ)［単純未来形］

「always＋単純未来形」（いつも…するだろう）は相性がよく、自然な英語になります。未来の習慣を表わす際に、よく使われる表現です。

○ I had always *played* baseball. (私はいつも野球をしていた)［過去完了形］

「always＋過去完了形」（いつも…していた）は相性がいいので、語句を補えば自然な英語になります。過去のある時点までの習慣を表わす際に、よく使われる表現です。

未来進行形や未来完了形で使われることも、ほとんどないと思います。

15 | often (しばしば、たびたび)

頻度を表わす副詞です。非常になじみの深い語ですが、あまり口語的ではないため、ネイティブはさほど日常会話では用いません。一般的に動詞の前に置きますが、be動詞や助動詞がある場合はそのあとに置きます。相性のいい時制は意外にも少なく、次に紹介する時制以外では、あまり使われないでしょう。

◎ I often *played* baseball.（私はしばしば野球をした）［単純過去形］

「often ＋単純過去形」（しばしば…した）は相性がよく、自然な英語になります。

○ I often *play* baseball.（私はしばしば野球をする）［単純現在形］

often はあまり口語的ではないため、実際はさほど使いません。ネイティブなら、代わりに always や all the time（いつも）を使うでしょう。

16 │ usually（通常、たいてい）

頻度を表わす副詞で、習慣を表現する際によく使われます。完了形や完了進行形、また未来の時制では、まず使われないでしょう。

◎ I usually *play* baseball.（私はたいてい野球をする）［単純現在形］

「usually ＋単純現在形」（たいてい…する）は相性がよく、自然な英語になります。現在の習慣を表わす際に、非常によく使われる表現です。

○ I usually *played* baseball.（私はたいてい野球をした）［単純過去形］

「usually ＋単純過去形」（たいてい…した）は相性がよく、自然な英語になります。on weekends などの副詞表現を加えれば、過去の習慣をより具体的に表現できるでしょう。

○ I *was* usually *playing* baseball.（私はたいてい野球をしていた）［過去進行形］

「usually ＋過去進行形」（たいてい…していた）は相性がよく、自然な英語になります。

ほかに現在進行形で使われることも、ほとんどないと思います。

17 | once（1度、かつて）

　頻度を表わす副詞で、経験を表現する際よく用いられます。否定文で用いると「一度も（…ない）」と経験がないことを表わします。また文脈によっては「昔、かつて」の意味にもなります。過去に言及する語のため、基本的に未来の時制では使われません。

◎　I *played* baseball <u>once</u>.（私は1度／かつて野球をした）［単純過去形］

　2つの意味になる文です。「単純過去形＋once」（1度／かつて…した）は相性がよく、自然な英語になります。

○　I've *played* baseball <u>once</u>.（私は1度／かつて野球をしたことがある）［現在完了形］

　「現在完了形＋once」（1度／かつて…したことがある）は相性がよく、経験を表わす2つの意味になる文です。once before（かつて1度）の言い回しもよく使われます。

○　I *had played* baseball <u>once</u>.（私はかつて1度だけ野球をしていた）［過去完了形］

　I *had played* baseball just once in my life.（人生でまさに1度だけ野球をした）のように、just once in one's life（人生でまさに1度だけ）という表現を補えば、自然な英語になります。

　以下、不自然な英語表現ですが、注意してもらいたい例を紹介します。

?　I *play* baseball <u>once</u>.（?私は1度だけ野球をする）［単純現在形］

　これだけでは不自然ですが、On Mondays, I *play* baseball <u>once</u> and I *play* basketball <u>twice</u>.（月曜日、私は野球を1度して、バスケットボールは2度プレイする）とすれば理解してもらえるでしょう（ただし、かなり特殊な状況です）。

186

? I'm playing baseball once.（?私は1度だけ野球をしている）[現在進行形]

これだけでは不自然ですが、I'm playing baseball once on Friday and twice on Saturday.（私は金曜に1度、土曜に2度野球をする）とすれば理解してもらえるでしょう（ただし、かなり特殊な状況です）。

? I'll play baseball once.（?1度野球をするだろう）[単純未来形]

これだけでは不自然ですが、Tomorrow I'll play baseball once and basketball twice.（明日、私は野球を1度、バスケットボールを2度プレイするよ）とすれば理解してもらえるでしょう（ただし、かなり特殊な状況です）。

過去進行形、過去完了進行形、現在完了進行形、未来進行形、未来完了形、未来完了進行形で使われることは、ほとんどないと思います。

18 | before（以前に、すでに）

過去のある時点を起点として、「（過去のその時点より）以前に」を意味します。ago は「現在」を起点としますが、before は「過去」を起点とする点で異なります。おもに過去の経験を表わすため、完了形と相性がいい語です。

◎ I had played baseball before.（私は以前野球をしていた）[過去完了形]

「過去完了形＋before」（以前…していた）は相性がよく、自然な英語になります。I had played baseball before so I was better than the other guys at it.（私は以前野球をしていたから、ほかの仲間よりうまかった）のように、「以前…だったから～だ」と so 以下の理由をよく表わします。

◎ I've played baseball before.（私は以前野球をしたことがある）[現在完了形]

「現在完了形＋before」（以前…したことがある）は相性がよく、自然な英語

になります。経験の有無を言う際によく使われる表現です。

　以下、不自然な英語表現ですが、注意してもらいたい例を紹介します。

? I *played* baseball before.（？以前、私は野球をした）[単純過去形]

　このように言うネイティブもいるかもしれませんが、本来は不自然な表現です。I've *played* baseball before. と現在完了形で用いれば、自然な英語になります。本来、単純過去形の場合、I *played* baseball yesterday.（私は昨日、野球をした）のように、あとには具体的な時間をつづけるのが一般的です。before は曖昧な時間表現のため、不自然な英語になります。

? I *was playing* baseball before.（？以前、私は野球をしているところだった）
　［過去進行形］

　本来、before のあとには何かつづくのが自然なため、人にこう言ったら Before what?（何の前？）と聞き返されるかもしれません。I *was playing* baseball before you.（あなたより前に私は野球をしていた）や、I *was playing* baseball before the party started.（パーティが始まる前、私は野球をしていた）など、before のあとに語句を補えば自然な英語になります。

? I *had been playing* baseball before.（？私は以前ずっと野球をしつづけていた）
　［過去完了進行形］

　不自然な英語になるため、この過去完了進行形の文に before は使えません。ただし I *had been playing* baseball before the party started.（私はパーティが始まるまでずっと野球をしつづけていた）という文であれば、before 以下が具体的な時を指すので自然な英語になります。

? I'*ll play* baseball before.（？私は以前、野球をするよ）[単純未来形]

　このままでは不自然な英語です。ただし限定的に、Will you play baseball before or after the party?（パーティの前かあとに野球をする？）に対して I'*ll play* baseball before. という返事ならば OK です。また、I'*ll play* baseball before the party.（パーティの前に野球をしたいな）という文であれば、before 以下が具体的な時を指すので自然な英語になります。

? I'll be playing baseball before.（?私は以前、野球をしているだろう）
［未来進行形］

不自然な英語になるため、この未来進行形の文に before は使えません。ただし I'll be playing baseball before you get here.（あなたがここに着くまで私は野球をしているだろう）といった文なら言えます。

単純現在形、現在進行形、現在完了進行形、未来完了形、未来完了進行形で使われることは、ほとんどないと思います。

19 | again（再び、また）

頻度を表わす副詞です。かつて行なった動作や状況をもう一度繰り返す際に用います。そのため完了形や完了進行形で使われることは、まずないでしょう。

◎ I *played* baseball again.（私はまた野球をした）［単純過去形］

「単純過去形＋ again」（また…した）は非常に相性がよく、自然な英語になります。再度の経験を言う際、よく使う表現です。

◎ I'm *playing* baseball again.（私はまた野球をしている）［現在進行形］

「現在進行形＋ again」（また…している）は非常に相性がよく、自然な英語になります。A: Are you doing any sports these days?（最近、何かスポーツはしている？）B: Yeah, I'm *playing* baseball again.（ああ、また野球をしているんだ）という会話なら自然です。

○ I'll play baseball again.（また野球をするよ）[単純未来形]

あとに tomorrow や someday がつづくことが文脈から推測できるので、無理なく理解されます。I'll play baseball again tomorrow/someday.（明日／いつかまた野球をするよ）であれば、さらに自然です。

○ I'll be playing baseball again (soon).（また[すぐに]野球をするよ）[未来進行形]

あとに soon をつづければ「（このけがが治ったら）またすぐに野球をします」と宣言しているイメージの文になります。again soon（またすぐに）は未来の時制と相性のいい表現になります。

以下、不自然な英語表現ですが、注意してもらいたい例を紹介します。

? I was playing baseball again.（? 私はまた野球をしつづけていた）[過去進行形]

このままでは不自然ですが、I had quit playing baseball in junior high, but by the time I was in high school, I was playing baseball again.（私は中学生の時野球をやめたが、高校生の時にまた野球をしつづけていた）のように限定的な状況なら理解してもらえるでしょう。

? I play baseball again.（? 私はまた野球をやる）[単純現在形]

このままでは不自然ですが、The doctor told me that if I play baseball again, I would probably break my leg.（もう一度野球をしたらたぶん足を折るだろうと、医者は私に言った）のように限定的な状況なら理解してもらえるでしょう。

? I've been playing baseball again.（? 私はまた野球をしつづけている）
　[現在完了進行形]

「むかし野球をしていたものの1度やめ、またし出した」という状況なら使えます。また I've been playing baseball again these days.（最近また野球をしつづけている）など again のあとに語句をつづければ、自然な英語になります。

20 | almost （もう少しで、ほとんど）

　直近に起きたできごとに対して使います。「すべて」に近い程度、また「すんでのところで」と時間的に際どい状態であることを表わします。finish とともに用いると、「もう少しで終わった」つまり「全部は終わらなかった」となることに注意してください。一般動詞の前に、be 動詞や助動詞がある場合はそのあとに置きます。

◎ I almost *finished* my homework. （もう少しで宿題が終わった［全部は終わらなかった］）［単純過去形］

　「almost ＋単純過去形」（もう少しで…した）は非常に相性がよく、自然な英語になります。ただしこの文は、「宿題は終わっていない」となることに注意してください。「ほとんど終えた」→「つまり、まだ全部は終わっていない」となり、単純過去形は「すでに終わった話」のため、今後も宿題を終えることはないと推測できます。

◎ I've almost *finished* my homework. （ほとんどの宿題を終えている［全部は終わっていない］）［現在完了形］

　「almost ＋現在完了形」（ほとんど…している）は非常に相性がよく、自然な英語になります。「現在、私はほとんど宿題を終えている」→「つまり、まだ全部は終わっていない」となることに気をつけましょう。

○ I *had* almost *finished* my homework. （もう少しで宿題を終えていた）［過去完了形］

　I *had* almost *finished* my homework when you called me. （きみが電話をくれた時、私はもう少しで宿題を終えるところだった）のように副詞表現を補うと自然な英語になります。

　以下、不自然な英語表現ですが、注意してもらいたい例を紹介します。

? I *was* almost *finishing* my homework.（？私はほとんど宿題を終えつつあった）
[過去進行形]

　強いて解釈すれば「あの頃、私はほとんど宿題を終えていた（ただし完全には終えていないことが多かった）」となりますが、英語として不自然です。

? I almost *finish* my homework.（？私はもう少しで宿題を終える）[単純現在形]

　「習慣」の意味に解釈できなくもありませんが、これだけでは状況がはっきりしません。I almost *finish* my homework, but then I get tired and go to sleep.（私は［いつも］ほとんどの宿題を終えるが、その後疲れて寝てしまう）という限定的な状況なら通じるでしょう。

? I'*m* almost *finishing* my homework.（？ほとんどの宿題を終えている）
[現在進行形]

　状況がはっきりせず、不自然な英語になります。現在進行形のため「最近は」という意味合いが強くなり、「最近、私はほとんどの宿題を終える（ただし、なかなか全部は終わらない）」といったニュアンスになるでしょう。

? I'*ve* almost *been finishing* my homework.（？私はほとんど宿題を終わらせつづけている）[現在完了進行形]

　不自然な英語ですが、強いて解釈すると「毎日ほとんど宿題を終わらせているが、全部は終わらない」といったところでしょう。

? I'*ll* almost *finish* my homework.（？私はほとんど宿題を終わらせるよ）[単純未来形]

　このフレーズだけで使うことはまずありませんが、I'*ll* almost *finish* my homework by the time you get here.（きみがここへ着くまでに私はほとんど宿題を終わらせるよ）と副詞表現を補えば、自然な英語になります。

? I'*ll* almost *be finishing* my homework.（？私はほとんど宿題を終わらせているだろう）
[未来進行形]

このままでは不自然ですが、I'll almost *be finishing* my homework by the time you get here.（きみがここへ着くまでに私はほとんど宿題を終わらせている［終わらせているところ］だろう）と副詞表現を補えば、自然な英語になります。

? I'll almost *have finished* my homework.（？私はほとんど宿題を終わらせているだろう）［未来完了形］

副詞表現を補って、I'll almost *have finished* my homework by the time you get here.（きみがここへ着くまでに、私はほとんど宿題を終わらせているだろう）とすれば、自然な英語になります。

過去完了進行形、未来完了進行形で使われることは、まずないと思います。

参考文献

　日本の学習辞典と英文法関係の書籍には、ネイティブスピーカーにも参考になるものがたくさんあります。ここに挙げた辞書、書籍は本書執筆において常時参照させていただきました。記して、各著者、編者、関係者のみなさまに謝意を表します。（デイビッド・セイン）

◆辞書
『ライトハウス英和辞典』（2012[6]）研究社.
『ルミナス英和辞典』（2005[2]）研究社.
『新英和大辞典』（2002[6]）研究社.
『新英和中辞典』（2003[7]）研究社.
『リーダーズ英和辞典』（2012[3]）研究社.
『新編英和活用大辞典』（1995）研究社.
研究社オンライン・ディクショナリー（2016）研究社.
Oxford Advanced Learner's Dictionary（2013[8]）Oxford University Press.
Collins COBUILD Advanced Learner's Dictionary（2014[8]）Collins COBUILD.
Longman Dictionary of Contemporary English Paperback & Online（2014[6]）Longman.

◆文法書
安藤 貞雄（2005）『現代英文法講義』開拓社.
石黒 昭博（2013）『総合英語 Forest 7th Edition』桐原書店.
江川泰一郎（2002[3]）『英文法解説　改訂三版』金子書房.
大西泰斗／ポール・マクベイ（2011）『一億人の英文法 ——すべての日本人に贈る「話すため」の英文法』東進ブックス.
マイケル・スワン［吉田正治訳］（2007[3]）『オックスフォード実例現代英語用法辞典〈第3版〉』研究社. ［Swan, M.（2005[3]）Practical English Usage. Oxford University Press.］

宮川幸久・林龍次郎／向後朋美・小松千明・林弘美（2010）『［要点明解］アルファ英文法』研究社.

安井稔（1996）『英文法総覧　改訂版』開拓社.

綿貫陽／宮川幸久・須貝猛敏・高松尚弘（2000）『徹底例解ロイヤル英文法 改訂新版』旺文社.

Carter, R. and M. McCarthy (2006) *Cambridge Grammar of English: A Comprehensive Guide*. Cambridge University Press.

● 著者紹介 ●

デイビッド・セイン（David A. Thayne）

1959年アメリカ生まれ。カリフォルニア州アズサパシフィック大学（Azusa Pacific University）で、社会学修士号取得。証券会社勤務を経て、来日。日米会話学院、バベル翻訳外語学院などでの豊富な教授経験を活かし、現在までに120冊以上、累計300万部の著作を刊行している。日本で30年近くにおよぶ豊富な英語教授経験を持ち、これまで教えてきた日本人生徒数は数万人におよぶ。英会話学校経営、翻訳、英語書籍・教材制作などを行なうクリエーター集団 AtoZ（www.atozenglish.jp）の代表も務める。著書に、『ネイティブが教える　ほんとうの英語の前置詞の使い方』『ネイティブが教える　英語の句動詞の使い方』『ネイティブが教える　ほんとうの英語の助動詞の使い方』『ネイティブが教える　英語の形容詞の使い分け』『ネイティブが教える　ほんとうの英語の冠詞の使い方』『ネイティブが教える　英語の動詞の使い分け』『ネイティブが教える　英語の語法とライティング』『TOEIC® SPEAKINGテスト問題集』（研究社）、『爆笑！英語コミックエッセイ　日本人のちょっとヘンな英語』『CDブック　聞くだけで話す力がどんどん身につく英語サンドイッチメソッド』（アスコム）、『英語ライティングルールブック──正しく伝えるための文法・語法・句読法』（DHC）、『その英語、ネイティブにはこう聞こえます』（主婦の友社）、『ネイティブはこう使う！マンガでわかる前置詞』（西東社）、『ミライ系NEW HORIZONでもう一度英語をやってみる：大人向け次世代型教科書』（東京書籍）など多数。

古正佳緒里（ふるしょう　かおり）

● 執筆協力 ●
Shelley Hastings
Michael Deininger

● 校閲・校正 ●
北田　伸一（東京理科大学講師）

● 編集協力 ●
杉山まどか　市川しのぶ

● イラスト ●
今川裕右

ネイティブが教える
英語の時制の使い分け
Mastering English Tenses

● 2016 年 6 月 9 日　初版発行 ●
● 2019 年 5 月 24 日　2 刷発行 ●

● 著者 ●

デイビッド・セイン（David A. Thayne）
古正 佳緒里（AtoZ）

Copyright © 2016 by AtoZ

発行者　●　吉田尚志

発行所　●　株式会社　研究社

〒102-8152　東京都千代田区富士見 2-11-3

電話　営業 03-3288-7777（代）　編集 03-3288-7711（代）

振替　00150-9-26710

http://www.kenkyusha.co.jp/

KENKYUSHA

装丁　●　久保和正

組版・レイアウト　●　AtoZ

印刷所　●　研究社印刷株式会社

ISBN 978-4-327-45274-2 C0082　Printed in Japan

価格はカバーに表示してあります。

本書のコピー、スキャン、デジタル化等の無断複製は、著作権法上での例外を除き、禁じられています。
また、私的使用以外のいかなる電子的複製行為も一切認められていません。
落丁本、乱丁本はお取り替え致します。
ただし、古書店で購入したものについてはお取り替えできません。

研究社の出版案内

大好評!! 『ネイティブが教える』シリーズ
セイン先生がずばり教えます!

デイビッド・セイン

ネイティブが教える
ほんとうの英語の前置詞の使い方

デイビッド・セイン
古正佳緒里〔著〕
A5判 並製 200頁
ISBN978-4-327-45262-9

今度は「前置詞」!
ネイティブが普段どのように前置詞を使っているか、またそれをどのように使い分けているか、わかりやすく説明します。

ネイティブが教える
英語の句動詞の使い方

デイビッド・セイン
古正佳緒里〔著〕
A5判 並製 220頁
ISBN978-4-327-45261-2

この1冊でネイティブ感覚の句動詞の使い方が学べる!
100の基本動詞からなる合計1000以上の句動詞表現を、生き生きとした会話表現によって紹介します。

ネイティブが教える
ほんとうの英語の助動詞の使い方

デイビッド・セイン
古正佳緒里〔著〕
A5判 並製 188頁
ISBN978-4-327-45260-5

今度は「助動詞」を完全マスター!
can, could, may, might, must, shall, should, will, would の9つの助動詞を中心に、その使い分けやニュアンスの違いを解説。

ネイティブが教える
英語の形容詞の使い分け

デイビッド・セイン
古正佳緒里〔著〕
A5判 並製 224頁
ISBN978-4-327-45256-8

状況に応じた英語の形容詞の使い分けを教えます。
同じ意味の形容詞から、ネイティブがよく使うと思われる5語を選び、それぞれのニュアンスの違いを例文を示しながら説明します。

ネイティブが教える
ほんとうの英語の冠詞の使い方

デイビッド・セイン
森田 修・古正佳緒里〔著〕
A5判 並製 166頁
ISBN978-4-327-45253-7

冠詞はむずかしくない。
「山ほどの例文とネイティブの解釈」をセットにして繰り返し読むことで、感覚的に「ネイティブの冠詞の使い方」が身につきます。

ネイティブが教える
英語の動詞の使い分け

デイビッド・セイン
森田 修・古正佳緒里〔著〕
A5判 並製 288頁
ISBN978-4-327-45247-6

この状況、文脈では、どんな動詞をあてるべきか?
日本人が理解しにくいこの問題を、セイン先生が、多くのネイティブに調査したうえで教えてくれます!

ネイティブが教える
英語の語法とライティング

デイビッド・セイン〔著〕

日本人が英訳の際に間違えてしまう微妙な日本語の言いまわしを、わかりやすく英訳・解説!
文法的に正しい英文を書きたい人へ。
A5判 並製 280頁 ISBN978-4-327-45240-7